T57

Comme tous les symboles, celui du labyrinthe *comporte plusieurs niveaux d'interpréta-
tion.*

*Dans le présent contexte, le labyrinthe re-
présente l'expérience de l'incarnation au
plan physique.*

*D'où venons-nous? Que sommes-nous? Où
allons-nous?*

*La démarche, jour après jour, paraît n'avoir
aucun sens.*

*Dans le labyrinthe, Thésée affronte le Mino-
taure — symbole de la matérialité que chacun doit surmonter.*

*Le héros trouve l'issue du labyrinthe, grâce
au fil d'Ariane — qui est l'intuition.*

*L'intuition participe du subconscient, au-
trement dit du SOI — ce qui, en chacun de
nous, participe de la Conscience universelle.*

*Le labyrinthe est une épreuve que le héros
doit franchir; une étape de la progression de
l'être sur la Voie.*

*Telle est, selon la pensée ésotérique, le sens
de l'incarnation.*

conception graphique
Jacques CHABOT

JACQUES LANGUIRAND

LA VOIE INITIATIQUE

LE SENS CACHÉ DE LA VIE

René Ferron Éditeur

Éditeur: Ferron Éditeur Inc.
René Ferron, directeur
Case Postale 1462
Place Bonaventure
Montréal H5A-1A3, Québec
(514) 1-227-5203

Distributeur: Nouvelles Messageries
Internationales du Livre
4435, boul. des Grandes-Prairies
Ville de Saint-Léonard
H1R 3N4
Tél. 327-6900

Dépôt légal: Bibliothèque Nationale du Québec
2e trimestre 1978

Le Conseil des Arts du Canada
a accordé une subvention
pour la publication de cet ouvrage

à mon ami
Placide GABOURY,

en souvenir d'une époque riche — de re-
cherches communes, de lectures et d'ex-
périences partagées.

Nous avions entrepris ensemble la pré-
paration de ce livre, mais les circonstan-
ces ont voulu que je le termine seul.
Les pages qui suivent lui doivent beau-
coup.

J.L.

TABLE

troisième degré

avant-propos

Traditionnellement, la pensée ésotérique est communiquée oralement.

Et plus l'enseignement est d'un niveau élevé, plus le groupe est restreint.

Pour, finalement, faire l'objet d'une communication individuelle.

La communication écrite ne permet pas de véhiculer la pensée ésotérique dans sa totalité.

Tout d'abord, parce que cette pensée n'est pas linéaire, mais circulaire.

Je reviens plus loin sur ce point.

Ensuite, parce que la démarche ésotérique comporte non seulement l'étude de cette pensée, mais l'expérience que l'adepte en doit faire. La communication écrite, qui s'adresse surtout à l'intellect comporte un risque:

à moins que le lecteur ne fasse un effort pour que le message atteigne d'autres niveaux de fonctionnement, il risque de transformer la démarche ésotérique en une gymnastique intellectuelle — ce qui constitue un cul-de-sac.

Satisfaire la curiosité intellectuelle est même considéré comme un des pièges de l'Égo sur la Voie:

on croit être avancé parce qu'on a lu un ouvrage sur la natation, alors qu'il fallait plutôt apprendre à nager...

Les média modernes de communication: la radio, en particulier, mais aussi la télévision et le cinéma, se prêtent mieux que l'écriture à la communication de la pensée ésotérique.

Le message passe par l'émotion: il atteint les eaux profondes de l'être.

Nous revenons, avec ces média, à une forme de communication orale.

À laquelle il manque, toutefois, une dimension importante: l'interaction.

Mais ces années-ci, le livre devient un peu moins linéaire: on recourt de plus en plus à la variété dans la typographie, à des illustrations qui s'incorporent au texte, à des astuces de mise en page, qui font de la lecture d'un livre une expérience un peu plus globale.

Au message sémantique (contenu) s'ajoute le message esthétique (contenant).

Et, pour ma part, j'adopte de plus un style aussi proche que possible de l'oral.

La pensée ésotérique est **circulaire**.

Pour bien saisir le point « a », il faut connaître les points « b », « c », etc.

Mais comme il faut bien commencer quelque part...

Ce qui comporte deux inconvénients:
 ● l'obligation où on se trouve souvent d'employer un mot, ou de faire allusion à un concept, qu'on ne pourra parfois préciser/définir que plusieurs pages plus loin:

ou je poursuis mon exposé afin de ne pas égarer le lecteur, ou j'ouvre une parenthèse de quelques lignes, de quelques paragraphes — voire même de plusieurs pages;
 ● et l'obligation de se répéter.

La démarche ésotérique évoque la **spirale**: on revient souvent sur les mêmes concepts mais autant que possible à un niveau de conscience chaque fois un peu plus élevé.

une démarche personnelle

Ma démarche se définit sur deux plans :
- l'étude de la pensée ésotérique ;
- l'expérience personnelle de cette pensée.

l'étude

C'est l'aspect intellectuel de la démarche.

Le lèche-vitrine du début : les lectures faites au hasard.

Les rencontres.

Petit à petit, on commence à identifier les pièces du casse-tête ;

on les rassemble de façon à créer des ensembles toujours plus grands :

on commence à saisir le fonctionnement du Grand Mécanisme.

C'est l'aspect de la démarche qu'on peut le plus facilement communiquer.
Mais cette démarche serait incomplète sans l'autre aspect :

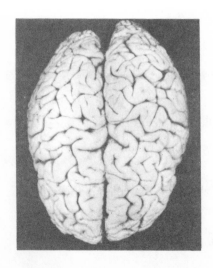

*C'est le mariage
de l'eau et du feu :
les opposés complémentaires
des noces alchimiques,
comme le dialogue
qui se poursuit
entre les deux hémisphères
du cerveau :
le rationnel
et l'intuitif ;
ou le rapprochement
de l'Occident
et de l'Orient
— en chacun de nous.*

l'expérience

L'observation de phénomènes dits paranormaux;
les recherches sur les états altérés de la conscience et les expériences transpersonnelles;

à une étape, ma recherche a porté sur les **drogues sacrées**: l'usage des hallucinogènes dans les expériences extatiques/initiatiques, pour me rendre compte que le *voyage* était en fait celui de la mort, de l'au-delà, de **l'autre réalité**;

j'ai alors décidé d'orienter ma recherche dans ce sens: un exposé sur la mort/transition selon l'ésotérisme m'apparaissant plus important que tout ce que je pourrais dire d'une technique d'éveil en particulier;

mais cette entreprise, devenue trop vaste, il m'est apparu nécessaire de procéder par étapes et de commencer par cette *introduction à la pensée ésotérique*.

la pratique de certaines techniques d'éveil:

en particulier, la méditation;
— bref, le travail sur soi, comme l'alchimiste dans le **laboratoire/oratoire** de la vie quotidienne.

C'est l'aspect de la démarche qu'on peut le moins facilement communiquer.

premier degré

la pensée ésotérique

L'ésotérisme n'est pas une religion.

Bien que toute religion en contienne des éléments.

Et qu'on le trouve à la source de toutes les religions: l'ésotérisme exprime l'unité des religions.

L'ésotérisme est une philosophie/sagesse.

Diverse dans son expression: comme les ruisseaux qui vont vers les rivières, qui vont vers les fleuves, qui vont vers la mer...

Cette pensée considère plutôt l'ensemble que les parties: elle tend à unifier plutôt qu'à diviser/analyser.

Au bas de la pyramide, c'est la multiplicité:

la place du marché.

Les différences socio-culturelles des divers courants.

Mais plus on s'élève dans la pyramide, plus on va de la multiplicité vers l'unité.

Les différences s'estompent, pour s'évanouir tout à fait.

Des courants qui paraissaient s'opposer, viennent à se compléter.

L'ésotérisme tend aujourd'hui au rapprochement de la science et de la mystique en une sagesse qui les déborde — dans laquelle science et mystique apparaissent comme complémentaires l'une de l'autre, comme la raison et l'intuition.

De source inconnue *, cet enseignement procède de la Conscience Universelle: on le retrouve dans diverses manifestations de ce que le Dr Carl JUNG appelle **l'inconscient collectif** — les Archétypes, les Symboles, les Mythes...

---

* Dans le présent contexte, j'estime qu'il n'est pas utile d'aborder cette question controversée.

Traditionnellement transmis surtout par voie orale et dans le plus grand secret, on trouve cet enseignement, ou des éléments de cet enseignement, entre autres,

chez HERMÈS
PYTHAGORE,
PLATON,
PLOTIN,
HÉRACLITE d'Ephèse,
APOLLONIUS de Tyane,
SOCRATE,
et plusieurs philosophes pré-socratiques ;
chez BOUDDHA,
ZOROASTRE,
MITHRA,
LAO TZE
et le Tao,
KRISHNA,
MOÏSE,
JÉSUS ;
dans le Soufisme,
l'Hindouisme,
le Bouddhisme,
le Tantrisme,

le Christianisme gnostique
— la Gnose, les Catharres, les Templiers...
et les techniques du Yoga ;
dans le Zen
et la Kabbale ;
les Mystères d'ISIS (Égypte),
de DÉMÈTER (Grèce),
de CYBÈLE (Perse),
la doctrine secrète des lamas tibétains,
les *Livres des Morts* (Égypte et Tibet),
la Théosophie,
le Martinisme,
la Rose-Croix,
la Franc-Maçonnerie ancienne ;

chez BOEHME,
   FABRE D'OLIVET,
   SWEDENBORG,
   GURDJIEFF,
   STEINER,
   LEADBEATER,
   JUNG * ;
chez les Alchimistes :
   le Comte de SAINT-GERMAIN,
   FULCANELLI,
   Robert FLUDD ;
de même que
chez certains *psychiques,*
tels que
   Héléna BLAVATSKY,
   Daniel D. HOME,
   Edgar CAYCE ;
chez les mystiques,
de MILAREPA
à RAMAKRISHINA, en passant par *SAINT-JEAN-de-la-CROIX etc...*

On retrouve aussi l'ésotérisme dans la pensée traditionnelle — soit de sociétés primitives, soit de sociétés héritières de grandes civilisations disparues — comme, par exemple, dans le vaudou, le chamanisme, l'enseignement des sorciers amérindiens, ou encore celui des Kahunas (les Gardiens du Secret) polynésiens ...
On le retrouve enfin dans le psychédélisme mystique.

* À travers l'influence de JUNG, on retrouve certains éléments de la pensée ésotérique dans le mouvement de la *psychologie humaniste* (par opposition à scientiste), dont il sera question plus loin.

La pensée ésotérique est la sagesse la plus ancienne et la seule philosophie qui soit vraiment universelle.

Sur les questions essentielles, l'enseignement a toujours été le même partout et le demeure.

Le mot *occultisme* s'emploie parfois pour *ésotérisme*. C'est ainsi que PAPUS (le Docteur Gérard ENCAUSSE) écrit dans *Le Spiritualisme et l'occultisme**:

> «... cette antique philosophie des patriarches, des initiateurs égyptiens de Moïse, des gnostiques et des illuminés chrétiens, des alchimistes et des rose-croix, qui jamais n'a varié dans ses enseignements à travers les siècles et qui explique aujourd'hui aussi facilement les faits du spiritisme et de l'hypnose profonde qu'elle expliquait lors de la dix-huitième dynastie égyptienne les rapports du *Kha* et du *Khou*, du corps physique et du corps lumineux dans leur action sur le *Baï*, sur l'Esprit intelligent. Cette philosophie est connue actuellement sous le nom d'occultisme... »

PAPUS, *L'Occultisme*.

Ces lignes ont été écrites au début du siècle. Le mot occultisme paraît avoir aujourd'hui un sens plus restreint que celui que lui donnait PAPUS: il est plutôt associé aux sciences occultes et aux pouvoirs psychiques.

---

* Des extraits de cet ouvrage ont paru récemment sous le titre *L'Occultisme*.

ésotérique/exotérique

« Esotérisme signifie : de l'intérieur. Enseignement ésotérique : enseignement des significations intérieures. »

Louis PAUWELLS, *Ce que je crois.*

L'enseignement philosophico-religieux au sens large, est traditionnellement communiqué à deux niveaux :
ésotérique : le niveau des initiés, *ceux de l'intérieur.*
exotérique : le niveau de la masse, *ceux de l'extérieur.*

L'accès à l'intérieur n'est jamais refusé à personne. Il dépend de
l'être lui-même d'accéder à l'enseignement ésotérique. C'est une
question de choix personnel.

Encore que ce choix ne peut être fait, enseignent les Maîtres, que si
l'être est parvenu à cette étape de son évolution.

À la religion juive, par exemple, correspond le courant ésotérique
qu'on appelle la Kabbale ;

à la religion chrétienne, ceux de la Rose-Croix, des Templiers, des
Alchimistes, etc. ;

à la religion islamique, le Soufisme ...

Mais, encore une fois, dès qu'on s'élève dans la pyramide, on découvre qu'on peut être Soufi sans être Musulman ; Kabbaliste, sans
être Juif ; Rosicrucien, sans être Chrétien...

Et si on s'élève encore un peu plus, on découvre qu'il existe une
communication entre les divers courants.

Et que, éventuellement, tous les fleuves se jettent dans la mer...

Tous les mouvements/ groupes/ courants sont des moyens de progresser.
La Voie consiste même souvent à la chercher.

Sur les points essentiels, l'enseignement ésotérique a toujours été le
même partout et le demeure.

Ce qui peut surprendre.

La vision d'EZECHIEL. (Certains attribuent cette gravure à Camille FLAMMARION, le grand astronome français (1842-1925), dont la démarche annonce le rapprochement de la science et de la mystique auquel nous assistons aujourd'hui.)

Pourtant, à la réflexion, il est impossible qu'il en soit autrement.

Puisque cette pensée repose sur l'**expérience** qu'en font les initiés.

Or, cette expérience a forcément toujours été la même partout et le demeure.

C'est l'expérience personnelle que font les initiés de l'**autre réalité** — de la réalité de la mort comme, aussi bien, de l'au-delà de l'ego. L'expérience unifie.

La pensée ésotérique est la seule philosophie/sagesse qui repose essentiellement sur l'explication de la vie et de la mort considérées comme deux aspects complémentaires d'un même phénomène.

La preuve que l'on cherche de la survie, elle se trouve sans doute dans l'universalité de l'expérience ésotérique.

le *secret* ésotérique

Cette question est généralement mal comprise.

On se voit refuser l'accès à la Connaissance.

C'est très vexant.

Mais ce n'est pas ainsi que ça se passe.

Il y a diverses explications au secret.
Celle qui nous intéresse le moins dans le présent contexte, est l'explication historico-politique.

Qui n'en est pas moins bien réelle.

Il ne faut pas oublier que nous sortons à peine d'une époque — en sommes-nous vraiment sortis d'ailleurs? — où il suffisait de ne pas partager les convictions des puissants, pour finir sur le bûcher.

Quand on prend conscience du contenu des enseignements que les Alchimistes, par exemple, sont parvenus à transmettre à travers des siècles d'obscurantisme, on comprend qu'ils aient recouru à un langage *secret*.

Une autre explication tient à la démarche ésotérique même, dont j'ai parlé plus haut: cette démarche qui repose sur l'étude et sur l'expérience.

Il se trouve que si l'enseignement est communicable, l'expérience, elle, ne l'est pas.

Le secret tient donc aussi à l'impossibilité de communiquer la pensée ésotérique comme telle.

De dire: Eh! bien, voici ...

Puisqu'elle passe par l'expérience personnelle qu'on en doit faire.

Or, l'expérience, par définition, n'est pas communicable.

Mais l'explication du secret sur laquelle je crois intéressant d'insister est d'un tout autre ordre:

Nous venons tous de la Lumière et nous retournerons tous, le temps venu, à la Lumière.

Et la boucle, comme on dit, sera bouclée.

Mais il se trouve qu'à un moment donné, au plan physique où nous sommes, personne n'est au même point sur la Voie qui mène à la Lumière.

Certains sont plus avancés que d'autres.

JÉSUS*: « À vous, les disciples, il a été donné de connaître les Mystères du Royaume, mais les autres n'ont que des paraboles, afin qu'ils voient sans voir et entendent sans comprendre. »

Autrement dit, ils *voient* au plan inconscient, *sans voir,* c'est-à-dire sans conscientiser: sans que passe l'information au plan conscient.

Il ne faut pas oublier que l'inconscient est, si je puis dire, ésotériste: le contenu de la pensée ésotérique lui est familier.

Mais il n'y a pas de juge. Personne ne décide que vous aurez ou non accès à l'enseignement ésotérique.

Chacun est son propre juge.

Dans quel espace mental êtes-vous?

À quel niveau de conscience?

On ne peut être partout à la fois.

Personne ne vous empêche d'investir un peu moins aux niveaux du territoire, du sexe et du pouvoir, par exemple, et un peu plus à des niveaux plus élevés.

Autrement dit, de répartir d'une façon différente votre investissement en temps et en énergie.

Dès qu'on se pose les bonnes questions, on commence à trouver les bonnes réponses.

* Afin de rendre étrange ce qui est familier et familier ce qui est étrange, c'est dans les Évangiles que je vais puiser les citations pour étayer mon propos sur le secret ésotérique ...

Elles existent déjà, les réponses. Elles précèdent même les questions.

Les réponses n'attendent que les questions pour se manifester.

JÉSUS: « Qu'il soit donné à chacun selon sa faim. »

Pour celui qui veut savoir, il n'y a donc pas de secret.

Au fur et à mesure qu'il avance, le voile se soulève.

Et, petit à petit, le secret se trouve révélé.

D'un autre point de vue — celui de l'émetteur —, communiquer la pensée ésotérique a toujours été considéré comme une entreprise difficile.

L'expérience démontre, en effet, qu'on doit procéder par étapes.

Et toujours s'appuyer sur la complémentarité de l'étude et de l'expérience.

Et ce, dans l'intérêt des adeptes, bien entendu, mais aussi de ceux qui véhiculent la pensée ésotérique.

On va croire que j'exagère: il ne s'agit pourtant que d'une pensée philosophique ...

JÉSUS: « Ne donnez pas aux chiens ce qui est sacré, ne jetez pas vos perles devant les porcs: ils pourraient bien les piétiner, puis se retourner contre vous pour vous déchirer. » *

Autrement dit, ceux qui ne seraient pas prêts à comprendre pourraient même — ce n'est pas moi qui le dit — devenir agressifs.

Et pour des questions philosophiques ...

Ainsi saurez-vous qu'il ne faut parler d'ésotérisme que dans des circonstances favorables. Mais sans doute devrez-vous, comme pour tout le reste, en faire l'expérience personnelle. Peut-être vous souviendrez-vous qu'on vous avait prévenu, lorsque vous découvrirez par vous-mêmes que cette pensée peut soulever des réactions d'une violence surprenante: car, la pensée ésotérique met en branle chez les êtres qui ne sont pas préparés à la recevoir, un mécanisme de défense.

---

* Les philosophes de l'Antiquité étaient aussi fermes sur ce point. ARISTOTE recourt à la même métaphore: des perles jetées aux porcs ... L'avertissement est clair. Et quand on pense aux ésotéristes (alchimistes, templiers, cathares) torturés et/ou mis à mort, il paraît fondé. Il ne s'agissait pourtant, encore une fois, que d'une pensée philosophique.

le seuil de réceptivité

L'expérience a démontré que, dans la communication de la pensée ésotérique, il ne faut pas dépasser le seuil de réceptivité.

Qui est différent pour chacun.

Et qui s'abaisse au fur et à mesure que l'être progresse.

Au-delà de ce seuil, le message ne pénètre plus; on risque même, à trop insister, de provoquer un blocage.

Qui procède de ce qu'on appelle le *mécanisme de l'oubli* — dont il sera question plus loin —, important mécanisme qui participe de *l'instinct de conservation* même.
Ce qui importe pour l'instinct de conservation, c'est le Moi — mon corps, ma personnalité, mon égo.
Une pensée qui enseigne de prendre de plus en plus de recul par rapport au Moi, de regarder se dérouler sa vie avec un certain détachement, est souvent perçue inconsciemment comme une menace, en particulier par ceux dont la plus grande partie du fonctionnement se définit au niveau de l'instinct de conservation et de ce qui en découle.

Les êtres, en général, n'ont pas du tout envie de prendre du recul par rapport à leur Moi — c'est généralement tout ce qu'ils croient être.

Ils n'ont pas du tout envie, non plus, de regarder se dérouler leur vie avec un certain détachement, — c'est tout ce qu'ils croient avoir.

La pénétration de la pensée ésotérique suppose un déconditionnement qui, pour partiel qu'il soit, n'en contrarie pas moins l'instinct de conservation.

Dans la mesure où cette pensée exige de se détacher du plan physique où nous sommes — c'est la mort symbolique de l'initié — pour considérer l'existence du point de vue de l'extérieur.

Progressivement, bien entendu.

De s'identifier de moins en moins au Moi au corps, aux émotions, aux idées et de plus en plus au Soi (l'éternel, le permanent en chacun de nous).

Cette amorce de déconditionnement contrarie l'instinct de conservation.

Adoptant le point de vue de l'intellect, chacun croit être à l'abri d'une réaction instinctive. Cette conviction, du reste, fait partie du programme.

L'hypothèse de la **réincarnation,** par exemple, peut provoquer des réactions émotives particulièrement fortes, parce qu'elle suppose, du moment où on la considère sérieusement, que l'existence actuelle n'est qu'un sous-système d'un système plus vaste qui le contient.

Or, la règle du sous-système c'est de le prendre au sérieux, de nous y engager à fond, sans arrière-pensée, sans le considérer comme une expérience relative.

Et l'instinct de conservation, sur lequel repose le programme de la présente incarnation, est là pour nous rappeler à l'ordre.

À ce niveau de préoccupation, la raison du secret se trouve donc dans la nécessité de protéger l'adepte contre lui-même: de ne pas exciter chez lui le mécanisme de défense lié à l'instinct de conservation.

Et de protéger aussi ceux qui véhiculent la pensée ésotérique — ce qui n'est pas négligeable. Et telle était, clairement exprimée, la préoccupation de JÉSUS s'adressant à ses disciples.

Traditionnellement, l'enseignement ésotérique était donc transmis progressivement, au fur et à mesure de l'évolution de l'adepte: telle information ne devant être communiquée que lorsque l'adepte était parvenu à un niveau de conscience lui permettant de la conscientiser.

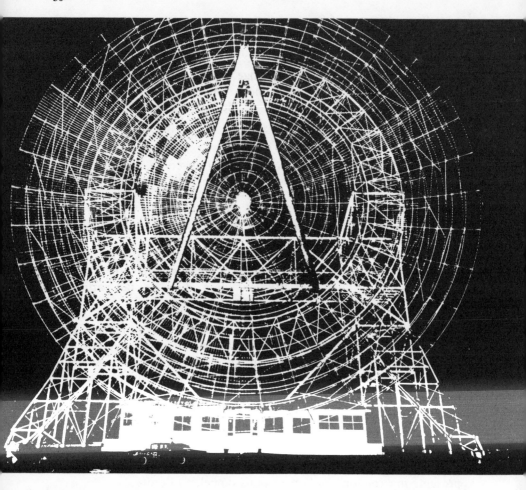

cela dit ...

à l'Ère du Verseau

> « Le temps est venu de briser le sceau du silence. La race humaine est maintenant parvenue au carrefour où une décision doit être prise : ou bien elle se satisfait de la domination du monde matériel, ou bien elle entreprend la conquête du monde spirituel, en exerçant une domination sur les désirs égoïstes et en transcendant les limitations qu'elle s'impose à elle-même. »
>
> **Lama GOVINDA, avant-propos in W.Y. EVANS-WENTZ,** *The Tibetan book of the dead.*

Tout semble indiquer, en effet, que notre époque en est une de remise en question pour l'humanité : ou bien nous franchissons cette épreuve et nous accédons à un nouveau palier de l'évolution, ou bien les survivants de l'hécatombe devront recommencer à partir du point où l'humanité sera retombée.

Ce ne serait pas la première fois, du reste.

Les civilisations sont mortelles.

Et de nombreuses civilisations sont mortes dans le passé parce qu'elles n'ont pas su dépasser le point où nous sommes parvenus.

Parce que ces civilisations avaient débouché sur une *science sans conscience.*

C'est précisément où nous sommes.

L'humanité a maintenant le pouvoir de s'auto-détruire.

La question est de savoir si nous pourrons accéder assez rapidement à la sagesse pour empêcher cette auto-destruction et franchir un nouveau palier de l'évolution.

Il existe aujourd'hui, en particulier en Occident, un mouvement plus ou moins concerté qui vise à désocculter l'occulte et à répandre la pensée ésotérique.

Afin de susciter la prise de conscience dont l'humanité a besoin.

Dans l'espoir de créer une société initiatique, non plus fermée, mais ouverte.

On communique donc la pensée ésotérique, on la diffuse aussi largement que possible.

C'est un peu comme si on mettait tous les plats sur la table.

Afin que chacun se serve ... *selon sa faim.*

Car, malgré tout, il ne peut en être autrement.

La communication de la pensée ésotérique est aujourd'hui stimulée par un facteur nouveau, qui est de la plus haute importance : l'intérêt de plus en plus manifeste que lui porte la science, parvenue elle aussi à un tournant.

Cet intérêt s'est manifesté depuis, en particulier, que la physique a, pour ainsi dire, dépassé le mur de la matière et découvert que tout procède de **l'énergie.**

Nous assistons donc, en ce début de l'Ère du Verseau, au rapprochement de la science et de la mystique.

Ce rapprochement affecte les deux démarches :

il a pour effet de redéfinir la vision scientifique de l'univers ;

mais aussi — et ce point est très important — de désocculter l'occulte et de libérer certains aspects de l'enseignement ésotérique des miasmes culturels et folkloriques qui souvent l'enveloppent.

Ce dont se réjouissent tous ceux qui cherchent la vérité, qu'ils soient engagés sur la voie scientifique ou sur la voie mystique.

> « ... affirmer la seule existence de la matière et rejeter celle de l'esprit, est la plus illogique des propositions, absolument étrangère aux découvertes de la physique moderne, qui montrent qu'il n'y a pas de matière au sens traditionnel du terme. »

V.A. FIRSOFF, membre de la Société Royale d'Astronomie de Grande-Bretagne, *Life, Mind and Galaxies.*

matière = énergie

« Il faut distinguer (...) le principe d'information, ou forme, et ce qui est informé, que l'on peut alors appeler *la matière de* l'atome, ou *la matière de* la molécule. Les atomes eux-mêmes et les molécules ne peuvent être appelés « matière » qu'à partir du moment où ils entrent dans une composition ultérieure. Les atomes sont *la matière de* la molécule, les molécules élémentaires sont *la matière de* la molécule géante, les molécules géantes et les autres sont les matériaux de construction de l'organisme. Ainsi, chaque réalité est matière *par rapport* à la composition ultérieure, ou le matériau pour une construction ultérieure plus complexe. »

« ... le physicien sait bien que ce qu'il appelle « matière » est une composition de particules qui sont de l'énergie. »

« Matière et énergie sont deux termes qui désignent concrètement la même réalité. »

Claude TRESMONTANT, *Sciences de l'univers et problèmes métaphysiques**.

*   Dans cet ouvrage, l'auteur veut montrer que la métaphysique est tout simplement l'analyse rationnelle — mais jusqu'au bout —, de cette réalité objective qu'explorent les hommes de sciences.

Le jeu des citations

Lawrence LeShan a été pendant plus de dix ans directeur du Département de psychologie du Trafalgar Hospital and Institute of Applied Biology, à New York; il a enseigné dans plusieurs universités américaines et écrit quelques ouvrages. LeShan, dont la démarche s'inscrit dans la perspective du rapprochement de la science et de la mystique, a écrit un des livres importants sur cette question: **The Medium, the Mystic and the Physicist,** dans lequel il démontre que les trois, en fin de compte, parlent le même langage.

C'est dans cet ouvrage qu'il rapporte l'expérience qu'il a faite de rassembler un grand nombre de citations de mystiques et de scientifiques, dont la juxtaposition fait clairement ressortir la similitude de langage et de pensée, au point du reste, qu'il est souvent très difficile, parfois même impossible, de savoir si telle ou telle citation est d'un mystique ou d'un scientifique. L'expérience consistait précisément, comme dans les trois exemples que je donne plus loin à déterminer si les citations étaient de source scientifique ou mystique.

Les physiciens qui se sont prêtés à cette expérience ont réussi dans 50% à 60% des cas; en revanche, des sujets sans formation scientifique avancée, mais familiarisés avec la pensée mystique, ont réussi dans 60% à 70% des cas.

LeShan précise: «Il est absolument impossible de se prononcer avec certitude sur toutes les citations, tellement les conclusions de part et d'autre se recoupent.»

Les citations qui suivent sont-elles d'un scientifique ou d'un mystique?

1) «Le tissu de l'univers est la pensée»*

2) «C'est la pensée qui donne aux choses leur qualité, leur fondation, leur essence.»

3) «Ainsi, le monde matériel... constitue l'ensemble du monde des apparences et non pas l'ensemble du monde de la réalité; on peut se représenter le monde des apparences comme un segment du monde de la réalité.»

* Avez-vous une meilleure traduction à proposer? Voici la phrase en anglais: «*The stuff of the world is mind-stuff*».

RÉPONSES:

1) Sir Arthur Eddington, physicien.

2) De source mystique, «Le Dhamma-pada».

3) Sir James Jeans, physicien.

la Gnose de Princeton

Ce rapprochement de la science et de la mystique est sans doute le fait le plus important de notre époque.

De cette synergie nouvelle témoigne, en particulier, l'existence d'un mouvement auquel on a donné le nom de *Gnose de Princeton*.

Il s'agit d'un groupe de savants, d'intellectuels, de gens d'action du monde entier, à la recherche d'une religion — au sens de *religare: relier* —, autrement dit, d'une métastructure: de la structure des structures.

La Gnose a été, autrefois, une philosophie religieuse, mélangée de judaïsme, de christianisme et de tradition orientale, qui mettait l'accent sur la **connaissance** — une connaissance dépassant les limites du rationnel/logique.

La Néo-Gnose, celle dite de Princeton, met aussi l'accent sur la connaissance: le Mouvement a commencé chez des physiciens, des astronomes, puis il a touché des médecins, des biologistes, puis il a atteint des membres de la haute administration et même, dit-on, des ecclésiastiques de la Haute Église.

> « La thèse fondamentale de la Nouvelle Gnose est celle de toute Gnose. Le monde est dominé par l'Esprit, fait par l'Esprit, ou par des Esprits délégués. L'Esprit trouve (ou plutôt se crée lui-même) une résistance, une opposition: la Matière. L'homme, par une science supérieure, transposée ou spiritualisée, peut accéder à l'Esprit cosmique et s'il est sage en même temps qu'intelligent, y trouver le Salut.
>
> « La Nouvelle Gnose précise la thèse et surtout parvient à la rendre respectable et conforme à la science la plus positive. »
>
> Raymond RUYER, *La Gnose de Princeton.*

> — *Qu'est-ce que l'esprit?*
> *La Nouvelle Gnose répond:*
> — *C'est une conscience.*
> — *Qu'est-ce que l'Esprit?*
> — *C'est la* **Conscience cosmique.**

Cette vision nouvelle est tout à fait conforme à la pensée ésotérique qui enseigne que le but suprême est l'affranchissement, le salut par la connaissance.

La connaissance des réalités ultimes: de la vraie nature de l'esprit.

Le but de la connaissance n'est pas la vaine recherche de la cause première, mais la délivrance, l'Illumination.

Donc une connaissance qui transforme, pas simplement qui informe.

Il n'y a pas, selon la Nouvelle Gnose, d'opposition entre la Matière et l'Esprit.

C'est l'Esprit même qui constitue le tissu *(stuff)* de la Matière.

L'univers est constitué de formes conscientes d'elles-mêmes, disent les Néo-Gnostiques, et d'interactions de ces formes par information mutuelle:

Ce rapprochement de la science et de la mystique est au centre de mes préoccupations.

Je me propose donc d'y revenir à l'occasion, soit pour proposer d'autres exemples de ces *noces alchimiques,* soit pour en tirer un enseignement renouvelé.

L'UNIVERS

**est,
dans son ensemble
et ses parties,
conscient de lui-même**

Les scientifiques de la NOUVELLE GNOSE

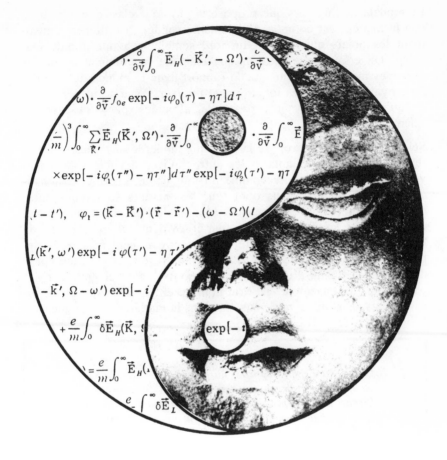

Le tao de la physique

Les découvertes de la physique moderne, atomique et subatomique ont entraîné une véritable révolution en rendant possible l'arsenal nucléaire. Mais les mêmes découvertes ont eu des effets, tout aussi révolutionnaires, dont on est moins conscient, d'ordre intellectuel, culturel et même spirituel, autrement dit dans le domaine des concepts, des idées, des philosophies.

Le modèle de l'univers que propose la physique classique considère que la matière est composée d'éléments solides, les atomes, constituant les objets qui forment un tout semblable à une grande machine. On croyait que cette grande machine fonctionnait selon des principes mécaniques sans aucun rapport avec le monde de l'esprit ; on croyait aussi que les fonctions de l'univers étaient indépendantes et qu'elles ne pouvaient pas être affectées par l'observation scientifique.

Selon le modèle que propose la physique moderne — la théorie de la relativité, celle des quanta et les autres qui en découlent —, l'univers apparaît au contraire comme un tout unifié, organique, holistique ; comme un processus dont tous les facteurs sont reliés entre eux — en interaction. On ne peut séparer de l'ensemble aucun élément sans le détruire. Ce qui paraît évident lorsqu'il s'agit de l'homme, qu'on ne peut séparer de son environnement sans le détruire. Mais la physique moderne a démontré que cette interdépendance des éléments d'un système entre eux, et de chaque élément par rapport à l'ensemble, est vrai non seulement des organismes vivants mais aussi de ce que nous appelons la matière inorganique.

Le docteur Fritjof Capra est un physicien de l'ère du Verseau. Après avoir obtenu son doctorat à l'Université de Vienne, il a entrepris des recherches théoriques sur la physique des hautes énergies, qu'il a poursuivies à l'Université de Paris, à l'Université de la Californie, à l'Université Stanford et à l'Imperial College de Londres. Il est aujourd'hui attaché au Lawrence Berkely Laboratory et enseigne à l'Université Berkeley, en Californie.

Le Dr Capra a aussi étudié les arts martiaux et la calligraphie avec un maître chinois. Il médite et pratique régulièrement le T'ai-chi, la gymnastique chinoise qui s'inspire de la philosophie taoïste.

Ses recherches sur la physique des hautes énergies et ses études des philosophies orientales l'ont conduit à s'intéresser aux parallèles qui existent entre la pensée des physiciens modernes et celle des mystiques.

Il est l'auteur d'un ouvrage qui s'est maintenu pendant deux ans sur la liste des livres les plus vendus sur les campus universitaires aux États-Unis : The Tao of Physics, en français Le Tao de la physique (Robert Laffont).

—...Celui qui ne participe pas à la transformation, comment pourrait-il transformer les autres hommes?

— C'est bien, dit Lao-Tan, vous avez senti le Tao.

Le docteur Fritjof Capra, physicien, disait dans une interview:
« Pour la physique moderne, il n'y a pas dans l'univers de substance matérielle de base. Au-delà de l'atome, on débouche sur les particules qui ne sont pas de la matière comme telle, mais des patterns d'énergie...

« Dans la physique classique, il y avait cette notion que les objets sont faits de substance matérielle. Mais lorsqu'on grossit ces objets, lorsqu'on cherche à savoir de quoi ils sont faits, on découvre qu'ils sont faits d'atomes et les atomes, de particules. Mais ces particules, elles, ne sont pas constituées d'une substance qui soit matérielle. Ce sont comme des amas d'énergie.

« Ces particules sont en transformation constante. On ne voit donc jamais aucune substance matérielle, mais on assiste plutôt à un processus ininterrompu.

« Un processus de quoi? Il n'y a pas de réponse, ajoute le Dr Capra. Car, il n'y a pas de substance. Les bouddhistes en avaient l'intuition: l'univers, en définitive, est un processus de transformation, qui agit selon des patterns, mais sans aucune substance matérielle. »

« ...l'univers est engagé dans une danse cosmique ininter-
rompue. C'est un système composé d'éléments insépara-
bles, sans cesse en mouvement, animés par un continuel
processus d'interaction. L'observateur en fait partie inté-
grante. Ce système reflète une réalité, située au-delà du
monde de la perception sensorielle ordinaire, il implique
des dimensions plus vastes et transcende le langage ordinaire et la logique raisonnante. »

Fritjof CAPRA, Le tao de la physique.

Les montages illustrant la danse de SHIVA et le TAO de la physique (1-33), sont de Fritjof CAPRA.

On pouvait croire, vers la fin du siècle dernier, que l'explication de l'univers physique serait matérialiste.

Mais on sait aujourd'hui que la matière n'existe pas.

Ce qu'on appelle la matière est, en fait, de l'énergie.

L'effondrement de la *matière :* de l'explication matérialiste de l'univers physique, devait par ailleurs entraîner la chute de la *Raison,* considérée à un moment comme la souveraine du monde de la pensée.

On sait maintenant que l'intuition joue un rôle déterminant dans la créativité, tant chez l'homme de science que chez l'artiste.

Mais, surtout, on sait, depuis en particulier la révolution de la cybernétique et des sciences de la communication, que c'est dans l'*interaction* des facultés, comme par ailleurs et plus généralement, de tous les éléments d'un système quel qu'il soit, que réside le fonctionnement dynamique et harmonieux :

Dans l'interaction, par exemple, des deux modes de pensée, l'occidental et l'oriental ; comme de la raison et de l'intuition : de l'hémisphère gauche du cerveau, qui commande en partie la raison, et de l'hémisphère droit, qui commande en partie l'intuition ; ou encore, dans l'interaction de la science et de la mystique.

La physique moderne
peut nous entraîner
dans deux directions:

la

BOMBE

ou

BOUDDHA

crédulité
incrédulité

L'incrédulité n'est pas plus *scientifique* que la crédulité ;

et la crédulité, pas plus *mystique* que l'incrédulité.

Les deux démarches, scientifique et mystique, s'appuient sur l'expérience.

L'une est tournée vers l'extérieur, vers l'objet ;

l'autre, vers l'intérieur, le sujet.

On ne devrait associer la crédulité et l'incrédulité ni à l'une ni à l'autre démarche.

> « Il est (...) hautement probable qu'il y ait autant de préjugés, d'intentions inavouées, d'émotions cachées, de malhonnêteté intellectuelle, de jugements primesautiers, de naïveté même, du côté de l'orthodoxie et du scepticisme, que dans l'autre camp. L'émotion qui porte vers une incrédulité irréfléchie a même toutes les chances d'être plus forte — surtout chez des personnes de formation scientifique, dont la fierté de connaître est en jeu — que n'est, chez d'autres personnes, la tendance à une croyance irresponsable. »
>
> **Curt J. DUCASSE**, philosophe américain, cité par Martin **EBON**, *They Knew the Unknown*.

une pensée-praxis

> « Celui qui essaie de donner une idée de Dieu par le simple enseignement livresque est pareil à l'homme qui essaierait de donner une idée de la cité de Bénarès en dessinant la carte. »
>
> **Sri RAMAKRISNA**

La Connaissance vient de l'étude et de l'expérience.

L'ésotériste ne possède pas plus de vérité que celle qu'il parvient à éveiller en lui par cette dialectique :

étude .... **expérience**

Il ne possède pas plus de vérité qu'il n'expérimente : ce qu'il connaît, c'est ce qu'il est.

D'où l'importance de ce qu'on appelle les techniques d'éveil : la méditation, les divers yoga, la projection astrale ...

Qui permettent de faire l'expérience de l'enseignement ésotérique.

D'où l'importance de ce qu'on appelle le *travail sur soi*.

La pensée ésotérique repose sur l'expérience.

Ultimement, sur l'expérience que les initiés font de l'autre réalité — celle de l'au-delà.

C'est la raison pour laquelle les ésotéristes, de partout et de toujours, sont unanimes sur les questions essentielles : l'expérience étant, partout et toujours, la même.

Et sur l'expérience personnelle, à chaque étape de la progression, de tous ceux qui sont sur la Voie.

L'enseignement seul ne suffit pas*.

C'est l'expérience qui permet de donner aux mots leur véritable contenu.

Mais l'expérience seule, en principe, ne suffit pas non plus.

Si l'expérience seule suffisait, tous ceux qui ont donné dans le psychédélisme seraient des initiés; or, on estime que 7 ou 8% d'entre eux seulement ont profité de l'expérience — l'étude leur manquait pour intégrer/conscientiser cette expérience.

Par ailleurs, l'étude et l'expérience doivent passer par le *travail sur soi*.

Il y a deux modes de connaissance.

Le mode habituel, qui nous est familier: l'interaction avec le milieu, l'étude, etc.

Et l'autre: qui permet d'obtenir la connaissanc directement par la contemplation; il s'agit de la connaissance affective.

La distinction est importante, en particulier pour nous, Occidentaux, qui mettons l'accent sur la démarche intellectuelle.

L'Illumination n'est pas une expérience intellectuelle; elle constitue un éclair de l'intuition qui s'apparenterait plutôt à l'expérience de l'orgasme.

---

* Il existe des êtres d'exception qui n'ont pas à passer par l'étude: ils *connaissent par identité*. Pour étudier une fleur, ils deviennent mentalement une fleur. Il s'agit d'êtres qui ont transcendé toute dialectique. Si, dans certains cas, on peut donc se passer de l'étude, en revanche, on ne peut en aucun cas se passer de l'expérience.

le travail sur soi

C'est une formule qui revient souvent dans la pensée ésotérique.

L'incarnation est considérée comme une étape de l'évolution de l'être.

Le corps et la personnalité constituent le véhicule permettant de franchir cette étape.

Le travail sur soi vise principalement à s'assumer/s'accepter.

Il faut généralement une vie pour le faire.

S'assumer et se dépasser.

On retrouve ici le dialectique dont j'ai parlé plus haut, mais sur un plan supérieur :

l'étude (de soi) .... **l'expérience** (de soi).

Il revient à chacun de définir sa démarche.

Elle peut passer par les techniques d'éveil.

Mais les techniques d'éveil, qui sont souvent nécessaires, ne suffisent pas.

Les techniques peuvent même parfois constituer un piège.

On peut passer une vie à vouloir faire des projections astrales — se trouver en pleine conscience en dehors de son corps physique — sans pour autant s'assumer.

De même que les livres ne suffisent pas.

L'étude doit donc s'entendre aussi au sens de *l'étude de soi ;* et l'expérience, au sens de *l'expérience de soi.*

Le travail sur le caractère est difficile.

La nature en est complexe : il dépend à la fois du physique, du psychique, et de l'interaction des deux.

Il ne faut pas perdre de vue l'objet poursuivi.

Les exercices physiques/psychiques, qu'on prend souvent à tort pour des exercices mystiques: relaxation, respiration, concentration, mais qui sont généralement nécessaires parce qu'ils agissent au niveau du système nerveux, doivent s'inscrire dans un programme encore plus vaste de travail sur soi, qui comporte nécessairement le travail au niveau de la personnalité même.

Certaines règles de vie, elles, sont donc toujours nécessaires, si on veut exercer un certain contrôle sur soi*.

Au centre de la démarche ésotérique, on trouve le travail sur soi. Il s'agit de transmuter le plomb en or. C'est la démarche alchimique.

Dans le quotidien, car il y a le quotidien.

Qu'on ne peut pas fuir.

Qui nous rattrape où qu'on soit.

Qu'il faut regarder en face.

Assumer et dépasser.

La vie quotidienne est le terrain sur lequel se poursuit cette démarche.

Le laboratoire/oratoire de l'alchimiste.

On préférerait sans doute une épreuve à grand déploiement.
En couleurs et sur écran géant.

Mais le **labyrinthe**, c'est le quotidien.

La démarche ésotérique ne se poursuit pas *ailleurs*.

C'est, pour chacun d'entre nous, le travail sur soi qui se poursuit **ici/maintenant.**

Le travail sur soi qui suppose le

connais-toi toi-même de SOCRATE.

C'est, à vrai dire, l'étape essentielle de la démarche.

Mais il est difficile de se connaître:

l'être oppose une résistance.

Le psychologue Abraham MASLOW écrivait:

> **«La grande découverte de FREUD est sans doute que la cause majeure de la plupart des difficultés d'ordre psychologiques vient de la peur de se connaître: de connaître ses émotions, ses impulsions, ses souvenirs, ses possibilités — de connaître son destin.»**

___

* *«Le contrôle de soi est la plus grande vertu.»* SIVANANDA. Ou encore: «*...être ô pouvoir de soi est l'ultime avoir.*» Raoul DUGUAY.

être sur la Voie

Je ne voudrais pas donner l'impression qu'*être sur la Voie* suppose nécessairement qu'on lise tel ou tel livre, ou même qu'on fasse telle ou telle expérience...

Nous sommes tous présentement sur la Voie.

Au début de l'évolution, on l'est inconsciemment.

Puis, à une certaine étape, la démarche devient un peu plus consciente. La pensée ésotérique se développe *naturellement* en nous.
À la limite, chacun pourrait la réinventer pour son propre usage.

C'est du reste le sens de la démarche de l'ermite.

Chacun se trouve donc toujours plus ou moins engagé dans un processus de déconditionnement, dont il est plus ou moins conscient.

C'est ainsi que j'ai connu depuis quelques années des gens simples qui, à travers les difficultés de la vie quotidienne, font l'expérience d'une pensée qui croît naturellement en eux.

J'ai connu, par exemple, un jeune homme qui s'éveille dans ses rêves : une femme à qui il arrive, en dehors de son corps, de se regarder dormir : une autre encore, une mère de famille, qui parvient à se concentrer une vingtaine de minutes sans effort sur l'image mentale d'un bouton de rose qui s'ouvre pour devenir une fleur épanouie — et qui voulait savoir si c'était une forme de méditation...

Comme quoi il est difficile de savoir où en sont les êtres dans leur évolution, et tout à fait vain de porter des jugements.

Il y a tous ceux qui en lisant ces lignes ont pensé : moi aussi...

Ou qui le penseront un peu plus loin, à la description de telle ou telle expérience psychique.

Qui font l'expérience d'une pensée qui croît naturellement en eux.
Puisque nous sommes tous présentement sur la Voie.

Puis, à une autre étape, la démarche devient encore un peu plus consciente.

C'est alors qu'on commence à s'intéresser à tout ce qui est susceptible d'accélérer le processus :

généralement, ce sont d'abord les livres qui attirent ;

puis, petit à petit, les exercices qui permettent d'agir au niveau du système nerveux.

— c'est alors le début d'une *ascèse**, qu'on soit seul (ce qui est difficile) ou à l'intérieur d'un groupe/mouvement (il en existe pour tous les tempéraments et pour toutes les étapes), qu'il faudra éventuellement dépasser,

ascèse qui comporte déjà ou qui débouche sur le travail en profondeur sur soi :

l'étude/expérience de soi dans une perspective de dépassement — c'est le plus difficile.

Il est plus difficile, en effet, de s'assumer et de se dépasser que de pratiquer, par exemple, le *hatha-yoga* ou de réciter son *mantra :*

les exercices physiques/psychiques, souvent nécessaires, toujours utiles, ne sont que des moyens.

Et je connais, quant à moi, de belles jeunes filles et de beaux jeunes gens, qui savent maintenir impeccablement la *position du lotus***, mais qui n'en dorlottent pas moins de bien tièdes névroses.

Le travail sur soi, en particulier, sur le caractère, n'a pas bonne presse. Ça n'a rien de séduisant, il faut bien le dire.

On cherche longtemps à éviter ce pénible affrontement qu'on reporte, d'un jour à l'autre.

Pour la raison sans doute que c'est précisément ce qu'on est venu faire : s'assumer dans le déroulement, jour après jour, du destin.

C'est le sens de la démarche ésotérique : il s'agit de dépasser l'étape que constitue la présente incarnation,
d'en sortir après en avoir tiré le maximum au plan de l'évolution ;

et aussi, par conséquent, le sens de la vie elle-même.

La Voie est diverse : il y a autant de chemins que d'êtres qui cheminent.

Et puis, enfin, la démarche devient tout à fait consciente.

---

*   Au sens étymologique d'*exercice*. ,

**   « *S'il suffisait de s'asseoir sur ses jambes repliées, toutes les grenouilles seraient mystiques.* » **Louis PAUWELS**, *Ce que je crois...*

involution/évolution

Pour la pensée ésotérique, la vie et la mort sont deux aspects d'un même phénomène.

C'est ce qu'on enseigne au néophyte.

Et lorsqu'il a compris que la vie est dans la mort et la mort dans la vie, on lui communique la précision suivante :

c'est ici, dans ton corps physique, que tu es mort ;

c'est au-delà, lorsque tu quittes ou dépasse ton corps physique, que tu retrouves la vie.

Ce sont les concepts de

l'**involution** : l'Esprit s'incarne — il y a réduction de la participation de l'être à la Conscience ;

et de l'**évolution** : l'Esprit se libère de l'enveloppe du corps (*un tombeau pour l'âme,* disait PLATON) — il y a augmentation de la participation de l'être à la Conscience. —

> *Composé de deux triangles qui s'interpénètrent : l'un tourné vers le haut, qui représente l'évolution, et l'autre tourné vers le bas, l'involution, l'hexagramme est le symbole de ces deux mouvements et de leur interaction.*

**second degré :
l'Involution**

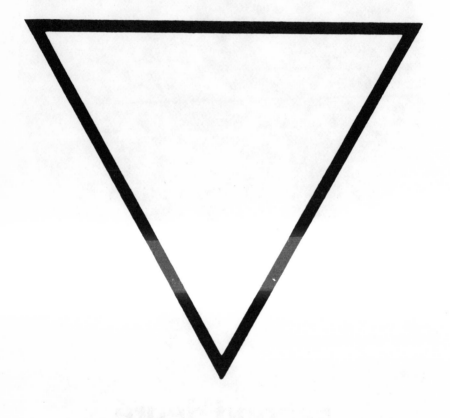

Le triangle équilatéral dont la pointe est tournée vers le bas, symbolise l'Involution.

l'Involution

L'Esprit descend dans la Matière.
Il se manifeste à travers une prolifération d'êtres.
L'Un devient le multiple.

> C'est **l'involution**:
> une réduction,
> une diminution,
> une souffrance.

L'âme, qui procède de la Lumière, revêt les corps correspondant aux plans spirituel, psychique et physique.

Dans l'incarnation, l'âme s'obscurcit et se limite.

Pour la pensée ésotérique, **l'incarnation** au plan physique est une **épreuve**.
Le symbole en est la **croix***.

La Sagesse populaire parle de *porter sa croix*.
L'incarnation est une réduction.

Elle réduit la conscience: l'âme devient prisonnière du corps et de la nature humaine.

L'incarnation enferme l'Esprit dans la Matière; elle abaisse les vibrations, réduisant ainsi le champ de la conscience.

Qui se referme sur elle-même, comme certaines plantes la nuit.

Dans les pages qui suivent, je vais d'abord parler de l'expérience involutive de l'incarnation, à partir de la grille que propose l'enseignement ésotérique.

---

* Symbole antérieur au christianisme, la croix procède du carré — figure géométrique qui symbolise la matière (par extension, la terre).

la grille des plans

À un moment ou l'autre de son cheminement, l'étudiant en ésotérisme se trouve confronté à une **grille** des différents niveaux de conscience.

Il existe plusieurs versions de cette grille. J'adopte ici celle qui me paraît la plus généralement acceptée.

Sans me soucier, par ailleurs, de la subdivision de chaque niveau. Le physique, par exemple, qui est le niveau inférieur où nous sommes, se subdivise comme on sait en trois règnes : minéral, végétal et animal. Sans compter les formes de vie qui participent d'une certaine façon de deux règnes à la fois... L'Homme représente le plus haut niveau de l'évolution : il est un **animal plus.**

J'adopte aussi le vocabulaire le plus généralement accepté.

Il s'agit d'une grille, pas davantage.

C'est-à-dire une façon de se représenter un continuum complexe : celui de la manifestation multiple de l'Énergie.

Mais elle peut nous aider à saisir de l'intérieur le fonctionnement du Grand Mécanisme.

Il s'agit, en fait, de niveaux de conscience.

Or, il y a autant de niveaux de conscience qu'il y a d'êtres.

Au physique, déjà, tous les hommes sont différents par le niveau de conscience.

Au-delà du physique, c'est aussi le niveau de conscience qui détermine la différence.

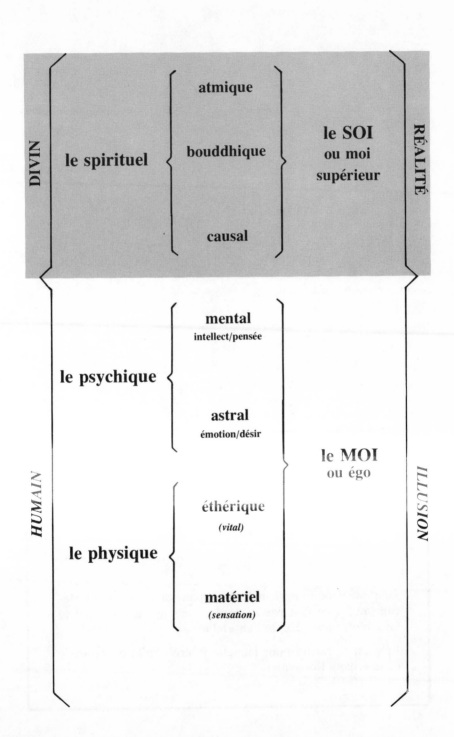

Pour saisir de l'intérieur le fonctionnement du Grand Mécanisme, il ne faut pas se perdre dans les détails mais se
faire plutôt une idée de l'ensemble.

Et c'est la raison pour laquelle je crois utile de ramener
cette grille à l'essentiel.

Selon la pensée ésotérique, l'Univers existe simultanément à trois niveaux : le spirituel, le psychique et le physique*.

Ou encore :

spirituel	*âme* **
psychique	*esprit*
physique	*corps*

Nous nous imaginons les niveaux l'un au-dessus de l'autre. D'où la **verticalité** qui exprime l'évolution spirituelle.

> « **La flamme — une verticalité. (…) La flamme est si essentiellement verticale qu'elle apparaît … tendue vers l'au-delà…** »
>
> **Gaston BACHELARD,** *La Flamme d'une chandelle.*

Mais il n'y a ni bas ni haut.
Les niveaux s'interpénètrent.
On peut les représenter par trois cercles concentriques.

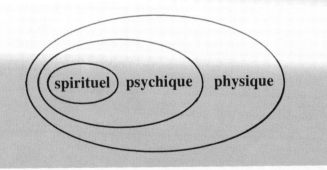

---

* Du reste, dans plusieurs traditions, on parle de trois plans et de trois corps. Par exemple, dans la tradition polynésienne des Kahunas (les Gardiens du Secret).

** On trouve parfois *esprit* pour *âme* et vice versa, en particulier dans des traductions de textes anciens.

...À l'image de l'Univers, l'Homme se définit à trois niveaux :

Le niveau du spirituel est celui de la conscience première : à ce niveau correspondent les corps spirituels — atmique, bouddhique et causal ;

le niveau du psychique qui émane du premier : à ce niveau correspondent les corps psychiques — mental et astral ;
et le niveau du physique qui émane des deux premiers : à ce niveau correspondent le corps matériel et son double, le corps éthérique*.

Comme les plans, les corps s'interpénètrent.

c'est ainsi que la mort ne comporte pas de *déplacement*. L'être cesse, tout à coup, de se définir au niveau physique :

il perd l'usage du véhicule qui lui permet de se manifester à ce niveau.
Ce qu'il perçoit comme une libération : sa conscience s'élargit.

Car, la réduction de la conscience est douloureuse.

Tout ce qui existe au physique a donc un corps matériel/éthérique. Autrement dit, tout ce qui est vivant, puisque la physique nous apprend qu'il n'y a rien d'inerte dans l'univers.

Le corps matériel est inséparable du corps éthérique qui en est le double énergétique*.

---

* En attendant le vocabulaire que la science ne devrait pas tarder à nous proposer pour définir le corps éthérique.

Ce qui appartient au règne minéral a donc un **corps éthérique.**

De même que ce qui appartient au règne végétal.

De même que ce qui appartient au règne animal.

Mais il existe une gradation: le corps éthérique est plus ou moins développé selon que la forme de vie est plus ou moins évoluée.

Pour le règne animal, donc pour l'homme, le corps éthérique est le corps des *sensations*.

Tout ce qui appartient au règne animal, a un **corps astral.**

Et même, d'après certaines Écoles, un peu du corps mental.

Comme pour le corps éthérique, il existe une gradation: le corps astral est plus ou moins développé selon que l'espèce est plus ou moins évoluée.

Il en va de même pour le corps mental.

Les divisions auxquelles je dois recourir, sont forcément arbitraires. Il n'y a jamais dans la nature de démarcation nette. Il n'y en a pas davantage dans la Surnature.

À l'intérieur d'une même espèce, y compris de l'espèce humaine, la qualité des corps astral et mental, dépend de l'évolution de l'individu.

Pour les animaux, comme pour l'homme, le corps astral est le corps des *émotions*.

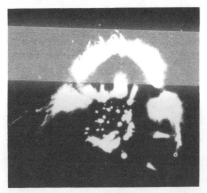 

Il est aujourd'hui possible de photographier l'aura, grâce à une technique mise au point par Semyon et Valentina KIRLIAN.
Ces deux photos Kirlian représentent, à gauche l'aura du doigt d'un guérisseur au repos; à droite, au moment où le guérisseur concentre son attention sur l'acte de guérir.

ill. photos KIRLIAN

Et le **corps mental** celui de l'idée/pensée — on dit généralement du *mental*.

Enfin, dès qu'il y a conscience d'être, il y a participation au niveau du spirituel.

Là encore, il y a gradation: la qualité de la participation dépend de l'évolution de l'être au plan de la conscience.

c'est-à-dire de l'étape à laquelle il est parvenu sur la Voie.

Ce qui participe du physique est mortel. À chaque incarnation, les véhicules du physique meurent.

Ceux du niveau psychique, en principe, survivent à la mort physique. Bien que ces véhicules soient aussi *mortels*, si je puis dire, mais par rapport au niveau auquel ils se définissent.

Les véhicules du niveau psychique survivent donc, généralement, aux incarnations successives au niveau physique.

Ce qui suppose que l'être doit éventuellement poursuivre sa progression au niveau psychique.

Mais, encore une fois, les niveaux s'interpénètrent. Il y a répercussion d'un niveau à l'autre. La progression au niveau physique suppose une progression au niveau psychique et au niveau spirituel — puisque nous participons de tous les niveaux simultanément. C'est ainsi que certains êtres avancés, au moment de la mort, vont se libérer à la fois des corps physiques et des corps psychiques, pour se retrouver au niveau spirituel.

Ce qui participe du spirituel est éternel.

Autrement dit, **le spirituel assume le psychique qui, à son tour, assume le physique.**

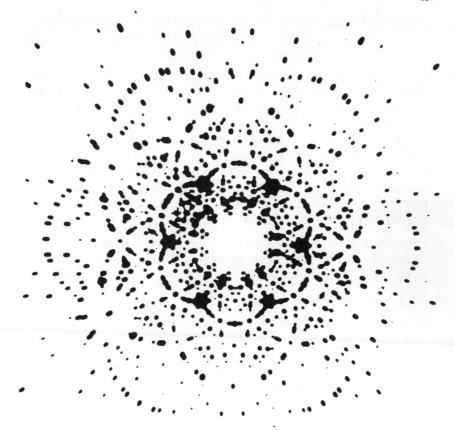

l'Énergie

« La science moderne exige que les phénomènes soient observés et quantifiés, pourtant, avec toutes les nouvelles particules élémentaires, nous sommes peut-être revenus au point où se trouvaient les Grecs de l'Antiquité : nous parlons maintenant d'une dimension de la nature que nous ne réussirons peut-être jamais à observer directement, que nous ne pouvons appréhender qu'avec des concepts, et non avec des faits, et que nous sommes néanmoins contraints de considérer comme réelle. »

Dr Sidney DRELL, physicien nucléaire et directeur de l'Accélérateur linéraire de Stanford.

La **réalité** des niveaux psychique et spirituel se définit exactement comme celle du plan matériel.
La définition se trouve, si je puis dire, dans les livres de physique moderne.

Explicitement pour ce qui est du physique proprement dit ; implicitement, pour ce qui est du psychique et du spirituel — on parle d'une physique plus *raffinée* pour définir *d'autres réalités*.

La matière telle que la science la définissait vers la fin du XIXe siècle, n'existe pas. On pourrait aussi dire : la matière, telle que certains d'entre nous continuent de croire que la science la définit, n'existe pas.
Ou plutôt, elle n'existe comme telle qu'au niveau de la perception réduite que nous en avons par les sens.
Or, la physique a dépassé, depuis longtemps déjà, ce niveau d'information/expérience, pour découvrir que **matière = énergie**.
Il n'y a plus de matière comme telle dans l'univers ; il n'y a plus d'esprit non plus — pourrait-on ajouter.

Cette opposition de la matière et de l'esprit, constitue un raccourci — auquel on devrait renoncer. Elle évoque, en effet, une conception de l'univers qui est dépassée.

Il n'y a que l'énergie.

La réalité du niveau physique est donc constituée d'énergie.

Et celle des niveaux psychique et spirituel de même.

Il s'agit, du reste, de la même énergie.
À différents niveaux de conscience.
(Comme on dirait sur diverses longueurs d'ondes.)

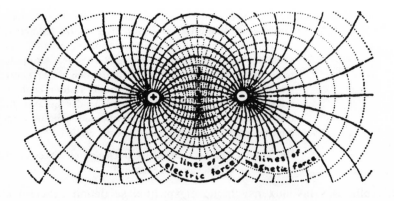

la Réalité et l'Illusion

Les Occidentaux que nous sommes, associent le mot *réalité* à tout ce qui participe du physique.

Il nous est difficile de comprendre le concept de la *maya* — à savoir que tout ce qui participe du physique et du psychique, est illusion.

Il est évident que si je me donne un coup de marteau sur le pouce, j'éprouve une douleur; que le marteau, le pouce et la douleur, au niveau physique où se déroule l'incident, sont bien réels et non pas une illusion.

Dans le contexte de la pensée ésotérique, *illusion* signifie que cet univers est celui du relatif, de ce qui se transforme, qui devient, — ne dure pas.
Le monde du relatif par rapport à l'absolu.
Du manifeste par rapport au non-manifeste, à l'immuable, à ce qui **est**.
De l'Illusion par rapport à la Réalité...

La définition de la *maya* que propose Alan WATTS, est particulièrement intéressante pour nous, Occidentaux: il la définit, en effet, par rapport à notre système de pensée et lui donne un sens très élargi qui comprend l'expérience socio-culturelle :

« Car ils (les psychothérapeutes) ont affaire à des gens dont la détresse provient de ce qu'on peut désigner du nom de *maya*, mot hindou-bouddhiste dont la signification exacte n'est pas seulement « illusion », mais englobe toute **la conception du monde que se fait une culture, conception envisagée comme illusoire, au sens strictement étymologique du mot qui vient du latin *ludere* (jouer). Le but de la libération est non de détruire la *maya* mais de la voir pour ce qu'elle est, d'en dépasser l'apparence. Un jeu ne doit pas être pris au sérieux, ou, en d'autres termes, une idée du monde et de soi-même qui n'est qu'une convention et une institution sociale ne doit pas se confondre avec la réalité. »**

Alan WATTS, *Psychothérapie orientale et occidentale*.

Pour comprendre le concept de la maya, il faut donc prendre un certain recul par rapport au Grand Mécanisme.
La réalité de tous les niveaux est une manifestation de la même énergie à différents niveaux de conscience.

Pour le corps matériel/éthérique, la réalité est celle du niveau physique; pour les corps astral et mental, celle du niveau psychique; pour les corps spirituels, celle du niveau spirituel.

Lorsqu'on passe d'un niveau à l'autre, comme d'un plan à l'autre, ou d'un corps à l'autre, il y a, dans un sens, expansion de la conscience et, dans l'autre, réduction.

Le spirituel correspond à une expansion de la conscience par rapport au psychique; et le psychique par rapport au physique.
Alors que, dans l'autre sens, le physique correspond à une réduction de la conscience par rapport au psychique; et le psychique par rapport au spirituel.

Pour la pensée ésotérique, plus le niveau de conscience est élevé, plus on se rapproche de **la source de la réalité**.

Plus on se définit en fonction de la réalité dépouillée.

Autrement dit, de la Réalité.
Et plus, au contraire, le niveau de conscience est bas, plus on s'en éloigne.
Plus on se définit en fonction de ce qu'on pourrait appeler la réalité enveloppée.
Autrement dit, de la multiplicité par rapport à l'Unité; ou de l'Illusion par rapport à la Réalité.

L'UNIVERS

est,
par définition,

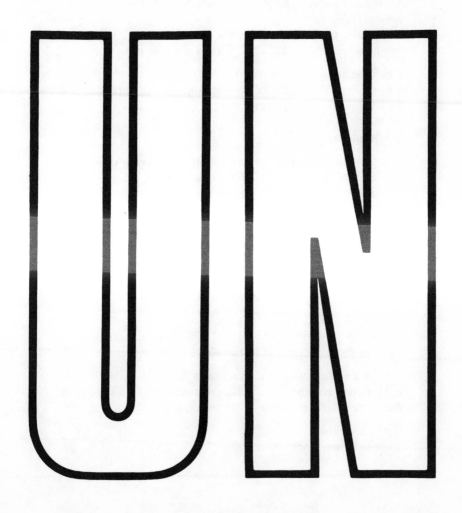

la Structure universelle

Tous les niveaux existent simultanément.
Dans l'Univers.
Comme en chacun de nous.
L'être qui présentement lit ces lignes, participe de tous les niveaux.
Mais cette participation est plus ou moins grande et plus ou moins consciente, selon son niveau d'évolution.

Les niveaux s'interpénètrent.
Les champs d'énergie influent les uns sur les autres.
Les plans sont interdépendants;
de même que les corps.
Il y a interaction.

Il y a, par exemple, répercussion au niveau psychique d'une expérience qui se définit au niveau du physique. Comme il y a répercussion au niveau du spirituel, d'une expérience qui se définit au niveau du psychique.

Une expérience est perçue à tous les niveaux à la fois, mais d'une façon différente par chacun des corps. Ce qui est sensation pour le corps matériel/éthérique est émotion pour le corps astral, idée/pensée, pour le mental; et conscience pure au niveau spirituel.

Ce qui est vrai dans un sens, l'est aussi dans l'autre:
l'étincelle de conscience suscite l'idée/pensée qui suscite l'émotion, qui suscite la sensation...

Il n'y a pas de mystère de la relation du corps et de l'esprit.
L'Homme, comme l'Univers, est constitué de l'ensemble des patterns d'énergie des différents niveaux de conscience.

Cette Structure,
c'est la Conscience universelle.

J'ai retenu trois citations de scientifiques
qui témoignent, à propos des trois niveaux,
du rapprochement de la science et de la mystique.

« Mes recherches m'amènent à conclure qu'il existe trois niveaux de connaissance de la réalité : le physique, le psychique (paranormal), le transpsychique. Ces trois divisions rappellent les trois corps de saint Paul : physique, psychique et spirituel (pneumatique). »

Lawrence LeSHAN, *The Medium, the Mystic and the Physicist*.

« La théorie de DESCARTES, qui divisait l'univers en deux moitiés, l'une matérielle, et l'autre, mentale (comprenant plusieurs substances séparées — les esprits individuels), fut très utile par le passé, mais elle est aujourd'hui dépassée. Il serait plus juste de diviser la nature humaine en trois aspects : le corps, l'esprit (mind) et le Soi fondamental, le pur Ego, l'Atman de la philosophie hindoue. Cet Atman n'est pas du domaine des recherches psychiques, mais plutôt de celui de l'expérience mystique. »

H.A. PRICE, professeur de logique à Oxford, in Rosalind HEYWOOD, *The Sixth Sense*.

« Le monde étroit de la perception sensorielle, dans lequel nous sommes, constitue l'ordre inférieur de la réalité, ou *premier plan*. Cet univers perceptuel est entouré de l'univers conceptuel qui comporte, entre autres, les phénomènes qui ne sont pas directement du domaine de la perception — tels que la gravitation, les champs électromagnétiques, l'espace courbe... Cette réalité du second ordre, ou *deuxième plan*, comble les vides et rend cohérent l'univers perceptuel qui, autrement, serait absurde et décousu. De la même façon, le troisième ordre de la réalité, ou *troisième plan*, pénètre et enveloppe le second auquel il donne un sens. »

Arthur KOESTLER, *The Invisible Writing*.

les sciences occultes
et la *psilogie*

Mon point de vue est celui de l'ésotérisme.

De ce point de vue, le but de la connaissance n'est pas la recherche de la cause première, pas plus que l'explication des phénomènes dits paranormaux, encore moins l'acquisition de pouvoirs, mais la délivrance — le salut.

Il s'agit moins, par exemple, de comprendre la mécanique de la télépathie et de l'utiliser, que de trouver la paix en s'identifiant un peu plus chaque jour au Soi — à ce qu'il y a d'éternel en chacun de nous.

Les sciences occultes comme aussi bien la recherche psilogique sont du domaine du physique et/ou du psychique.

Il y a, dans la grille dont je vous ai proposé l'étude, un point important sur lequel je crois nécessaire de revenir :

Pour nous qui sommes au niveau physique, *l'autre réalité* commence au-delà du physique. On a l'impression qu'il existe une division importante entre le physique et le psychique, alors que, du point de vue de la pensée ésotérique, il s'agit plutôt d'une subdivision. Autrement dit, il y a, d'une part, le physique et le psychique ; d'autre part, le spirituel — l'Illusion et la Réalité.

Les Maîtres enseignent qu'il faut conserver un certain détachement face aux phénomènes et aux pouvoirs psychiques.

Il faut savoir, par exemple, que les états altérés de conscience sont du niveau psychique ; par rapport à l'expérience transpersonnelle qui, elle, est du niveau spirituel.

Malgré l'intérêt que présentent les recherches en psilogie, ce dont les ésotéristes sont tout à fait conscients, ils n'en conservent pas moins leurs distances par rapport à une démarche qui, à leurs yeux, se définit surtout au niveau psychique.

Il m'a paru nécessaire d'insister sur ce point, afin que l'on sache bien que mon intérêt — qui n'en est pas moins véritable — pour toutes les questions d'ordre psychique, doit s'entendre dans la perspective du rapprochement de la science et de la mystique.

On parle de parapsychologie ou de psychotronique, parfois même de paraphysique ou de physique organique. Ce qui témoigne de la diversité des points de vue à partir desquels on poursuit l'étude des pouvoirs et des phénomènes psi, et de la nature transdisciplinaire de ces recherches.

Le tiraillement vient de la dualité esprit-matière qui a été pendant des siècles et demeure encore, il faut bien le dire, au cœur de la pensée occidentale.

Mais il est probable que c'est précisément cette discipline, avec ses deux tendances, qui est appelée à en finir avec la dualité esprit-matière.

Au Québec, on emploi de plus en plus l'expression psilogie que personnellement je souhaiterais voir adoptée. On doit cette expression à Louis Bélanger, parapsychologue et professeur à l'Université de Montréal, considéré comme une autorité en la matière. Cette expression à l'avantage sur les autres de ne pas colorer la discipline et de se référer à son objet d'étude: les phénomènes psi. Elle est aussi valable pour ceux qui passent par l'esprit que pour ceux qui passent par la matière, et qui débouchent, les uns comme les autres, sur l'énergie.

C'est en 1969 que l'American Association for the Advancement of Science, à l'occasion d'une séance qui réunissait des scientifiques appartenant aux disciplines les plus diverses, accueillait favorablement la demande d'affiliation de la Parapsychological Association.

Dans les milieux psi, on estime que cette date est celle de la reconnaissance officielle de cette discipline par le monde scientifique.

C'est Margaret MEAD, la célèbre anthropologue, qui a parrainé la Parapsychological Association auprès de l'AAAS. À cette occasion, elle a déclaré: «L'histoire du progrès scientifique est remplie de cas de chercheurs qui tentaient de comprendre des phénomènes dont la science officielle ne reconnaissait même pas l'existence.»

L'objet de cette nouvelle discipline est l'étude des interactions entre la conscience, l'énergie et la matière

Dans le cadre d'une recherche sur l'origine et la nature du psi, autrement dit des pouvoirs et des phénomènes paranormaux, le Dr Joel Whitton de la New Horizons Research Foundation a demandé à quelques médiums connus de remplir une questionnaire. Certaines questions concernaient des événements de la première enfance, qui pourraient peut-être expliquer les pouvoirs de ces médiums.

Tous ont rapporté une expérience identique : le choc d'une **décharge électrique** avant l'âge de dix ans.

L'échantillonnage n'était pas assez large pour qu'on tire de cette enquête une indication précise, mais le Dr Whitton trouva la coïncidence intéressante et s'avisa de demander à Matthew Manning s'il se souvenait d'un pareil incident.

Matthew Manning est un jeune homme de 20 ans, britannique, considéré par les spécialistes comme un des cas psi les plus intéressants qu'on puisse trouver présentement*. Médium exceptionnel, il paraît posséder des pouvoirs étonnants qui s'exercent dans les domaines les plus divers : psychokinèse (action de la pensée sur la matière), écriture automatique (comme si les mouvements de sa main étaient contrôlés par une influence extérieure)...

À la suite d'expériences faites en laboratoire par le jeune Matthew pour la New Horizons Research Foundation, le Professeur Brian Josephson, prix Nobel de physique (1973), l'un des vingt et un scientifiques invités à observer ces expériences, déclarait qu'il fallait reconsidérer les notions de « réalité » et de « non-réalité », les définitions traditionnelles ne lui paraissant plus applicables en la matière.

Toujours est-il que Matthew Manning ne se souvenait pas d'avoir subi le choc d'une décharge électrique.

La coïncidence ne semblait déboucher nulle part. Mais, à quelque temps de là, les parents du jeune homme devaient apprendre aux chercheurs que la mère de Matthew, trois semaines avant sa naissance, s'était sérieusement électrocutée, à tel point qu'on avait craint un moment qu'elle ne perdit son bébé.

L'énergie psi serait-elle de nature électromagnétique ? C'est une hypothèse intéressante.

Le fait qu'on découvre de plus en plus de jeunes qui ont des pouvoirs psi pourrait-il s'expliquer par le nombre plus grand de gadgets électriques dans les maisons ?

---

* Matthew Manning se raconte dans un ouvrage, THE LINK, dont la version française s'intitule « D'OÙ ME VIENNENT CES POUVOIRS ? (Albin Michel)

Cette énergie qu'est l'électricité, ou plus exactement l'électromagné-
tisme, dont la nature nous échappe encore, a bien quelque chose de
magique.

Nous y sommes habitués, nous n'y faisons plus attention. Mais il
n'empêche que l'électricité, c'est l'énergie de l'instantanéité et de la
simultanéité.

Si nous connaissions la nature exacte de l'électricité, peut-être ferions-
nous, tous les soirs, notre prière devant une ampoule électrique...

physique et psychologie

«... la parapsychologie — comme l'indique son nom — était uniquement entre les mains des psychologues, c'est-à-dire de gens qui ont leurs tics et leurs manies comme n'importe quels hommes de science. L'entrée massive des physiciens dans la parapsychologie a été le fait marquant de ces dernières années.
(...) Dans certains cas, le phénomène étudié serait au moins autant une affaire de physique — d'une physique sans doute extrêmement avancée — qu'une affaire de psychologie.»

Le prof. Rémy CHAUVIN, éthologue et vice-président de l'Association internationale de psychotronique, in *Psychologie* (Nov. 75).

Il s'agit maintenant de jeter des ponts entre la physique et la psychologie.

La démarche d'un jeune physicien français, William WOLKOVSKI*, témoigne de ce courant.

«J'ai l'impression que nous vivons les retombées d'un changement de pensée qui a eu lieu, surtout en physique, il y a une cinquantaine d'années et dont les résultats viennent à retardement.»
(...)

«Ce qui est en train de changer, c'est la vision du monde «solide» que nous avons avec son cadre de référence.»
(...)

«Depuis au moins un demi siècle, les physiciens se sentent mal à l'aise et sont particulièrement insatisfaits de la description du monde physique.»

Extraits d'une entrevue in *Psychologie* (mars 1976).

* Docteur ès sciences et co-fondateur de l'Institut de para-physique (en France), il a mené plusieurs recherches dont l'une a fait l'objet d'une communication parue dans *Journal of Para-physics* et intitulée: *Un cas de vision apparente de la matière au niveau moléculaire et subatomique.*

pouvoirs/phénomènes
paranormaux

Il est probable que certains phénomènes dits paranormaux, de même que certains pouvoirs, seront expliqués par des lois du physique.

En principe, il y a un *cloisonnement* entre les différents niveaux.

Mais il y a aussi des *failles*.

Ce sont les failles qui permettent à des phénomènes d'ordre psychique de se produire; de même qu'à certains pouvoirs psychiques de se manifester au physique.

Lorsque la participation de l'être aux niveaux supérieurs est plus grande, il arrive qu'il possède certains pouvoirs. Mais il lui faut renoncer à ces pouvoirs, ou plutôt il faut accepter de les perdre, s'il veut continuer d'avancer sur la Voie. Les pouvoirs représentent parfois différentes étapes de l'évolution de l'être, mais aussi longtemps qu'on s'attarde avec complaisance, on n'avance plus. Les Maîtres enseignent que les pouvoirs sont des pièges. Lorsqu'on a un pouvoir, il faut donc en user avec discernement, toujours dans un but positif, et avec détachement. Il arrive aussi que des êtres dont la participation aux niveaux supérieurs n'est pas particulièrement grande, aient des pouvoirs. C'est qu'il y a chez eux, des failles entre le niveau psychique et le niveau physique: c'est ainsi qu'on parle d'un déphasage du corps mental et/ou du corps astral par rapport au corps matériel. Il se produit alors, si je puis dire, un *coulage* des pouvoirs propres au mental et/ou à l'astral. C'est le cas de la plupart des *psychiques* — médiums, télépathes, voyants...

Les dons de médiumnité, de télépathie, de voyance, nous les avons tous en puissance, puisque nous nous définissons à tous les niveaux à la fois. Mais le déphasage est plus ou moins grand, ou le pouvoir de susciter le déphasage plus ou moins développé, selon les êtres. Il est possible de développer ces dons. On peut recourir à certaines techniques d'éveil. Il suffit parfois d'élever son niveau de conscience, pour hériter d'un don... Mais il faut être prudent et procéder par étapes: le déphasage comporte des risques. Il est souhaitable que l'entraînement fasse partie d'une démarche consciente sur la Voie. Des études ont démontré que nombreux sont les psychiques qui sont aussi schizoïdes — qui éprouvent plus que d'autres une certaine difficulté à coller au réel. L'état du psychique et l'état du schizoïde sont de même nature. L'un assume en principe le fait de se définir sur plusieurs plans; l'autre, l'assume mal. Le déphasage est aussi parfois la cause d'une certaine instabilité émotionnelle, de même que d'angoisses et parfois de malaises physiques.

Il arrive aussi que le déphasage soit momentané. Comme, par exemple, par suite d'un accident: le choc suscite alors des éclairs de conscience des niveaux supérieurs. Parfois, même, un dédoublement: l'être a l'impression, pendant un certain temps, de se définir consciemment à deux niveaux à la fois.

Il est même possible de se définir consciemment à tous les niveaux à la fois, puisque les trois existent simultanément. C'est le cas, dans certaines conditions, pour les *êtres réalisés*: d'où leurs pouvoirs — qui sont du niveau psychique; et leur sagesse — du niveau spirituel.

Tous les cloisonnements se trouvent alors ouverts entre les deux pôles de l'être:

le Moi et le SOI.

On trouve dans presque tous les ouvrages de psilogie, parfois en exergue, une citation d'un célèbre savant britannique, astronome, physicien et mathématicien:

« *L'univers commence à ressembler davantage à une grande pensée qu'à une grande machine.* »

Sir James JEANS.

Dans les pages qui suivent, qui constituent un *collage* d'informations et de réflexions, il va être question

de la conscience ;

de l'esprit et de la relation esprit/cerveau ;

de l'énergie et de la matière...

Parfois même, avec des majuscules.

Il n'existe aucune définition de ces mots qui soit tout à fait satisfaisante.

Tout dépend du point de vue qu'on adopte. Et le mien est divers...

J'adopte tantôt le point de vue scientifique,

tantôt le point de vue psychique (de la psilogie),

tantôt le point de vue mystique.

Il s'agit, à l'étape actuelle, de tenter de cerner le sens des mots.

Plutôt qu'à la raison, je m'adresse à l'intuition.

l'incarnation réduit la conscience

L'incarnation entraîne une réduction de la conscience.

Ou plutôt de la partie de la conscience qui se trouve engagée dans l'incarnation.

Et qui doit s'adapter au niveau auquel elle doit se définir un certain temps.

le cerveau, outil de réduction de la conscience

« Le cerveau est l'organe de *l'attention à la vie*. (...) Le cerveau (...) assure à tout instant l'adaptation de l'esprit aux circonstances. (...) Le cerveau est un organe de *choix*. »

Henri BERGSON, *L'Énergie spirituelle*.

Le cerveau humain n'est pas un outil d'ouverture.

Il filtre, au contraire, tout ce qui n'est pas nécessaire à la vie.

Soumis à l'instinct de conservation, le cerveau effectue le tri des informations et favorise celles qui contribuent à la survie.

Le cerveau est donc un outil de réduction de la conscience — d'adaptation de la conscience au plan physique.

Autrement dit, le cerveau adapte la conscience aux phénomènes compatibles avec la vie physique — cette conscience existant par ailleurs dans un champ psychique*.

La contribution la plus importante du grand neuro-chirurgien canadien, le Dr Wilder PENFIELD, aura sans doute été de nous avoir libéré, en partie du moins, d'un mythe hérité du positivisme, selon lequel les tissus du cerveau seraient en rapport direct avec la conscience.

Dans son ouvrage, The Mystery of the Mind, le Dr PENFIELD reconnaît que ses recherches en vue de comprendre l'expérience mentale — la pensée — à partir de l'étude du cerveau, n'ont pour ainsi dire débouché sur rien. «La pensée procède de l'énergie, écrit-il. Mais l'énergie dont il s'agit ici est différente de l'énergie électro-chimique qui parcourt le système nerveux. »
Cette énergie particulière, dont le célèbre neuro-chirurgien reconnaissait l'existence serait précisément, selon des jeunes chercheurs, celle que la pensée ésotérique/traditionnelle appelle la kundalini.

* Cette théorie est soutenue par un nombre de plus en plus grand de scientifiques. C'est, en particulier, celle que propose le Dr Nils O'JACOBSON, psychiatre et professeur à l'Université de Lund (Suède), dans son livre *La Vie après la mort? Parapsychologie et mystique.*

la démarche scientifique
se précise

La science ne croit plus que le cerveau soit l'agent direct de la conscience; on parle plutôt d'une interaction entre certains états du cerveau et certains phénomènes de la conscience et, inversement d'une action des phénomènes de la conscience sur l'activité cérébrale.

Certains scientifiques parlent même de la conscience comme de ce qui transcende tout fonctionnement physiologique.

Trente Prix Nobel se sont réunis pour parler de l'avenir de la science*.

Cette réunion avait pour objet de tenter de faire le point sur l'évolution de la pensée scientifique dans plusieurs disciplines et d'esquisser une synthèse.

Sur la question qui nous intéresse: la relation cerveau/esprit (au sens de conscience), certains d'entre eux ont précisé leur position.

Il s'agit, rappelons-le, de Prix Nobel; ils ne sont pas pour autant représentatifs de toute la pensée scientifique. Mais leurs préoccupations témoignent d'un fort courant de pensée chez les scientifiques.

Parmi les communications faites à cette occasion, celle de Sr John ECCLES, Prix Nobel de médecine 1963 pour ses découvertes sur l'influx nerveux, a été particulièrement remarquée.

Selon Sir John, non seulement il y a interdépendance entre le mental et le nerveux (le physique, donc), mais il y a dépendance du physique vis-à-vis du mental.

Les millions de cellules nerveuses forment des « modules fonctionnels ». Chaque module semble mener une vie autonome, avec ses quelque 10,000 neurones de plusieurs sortes.

> « Nous ne connaissons qu'imparfaitement la dynamique interne de chaque module, mais nous pouvons supposer que, grâce à son organisation complexe et à son intense activité, un module pourrait être une composante du monde physique, ouvert sur le monde de la conscience. »
>
> **Sir John ECCLES.**

---

*   **C'était au Gustave-Adolphus College, au Minnesota, E.U., en 1975.**

La relation cerveau/esprit, toujours selon Sir JOHN, se définirait comme une sorte de relation de contrôle des événements complexes du monde physique par l'entremise d'une entité faisant partie du monde de la conscience.

Le biologiste Gunther S. STENT, de l'Université de la Californie, n'hésitait pas à déclarer, au cours de la même réunion, que la science revient aujourd'hui à la notion d'«âme», — abandonnée par les Encyclopédistes et réfutée par le positivisme, qui est à la base de la pensée scientifique moderne, — du moins jusqu'à ces dernières années.

Pour ce qui est, en particulier, de la relation cerveau/esprit, les savants ont rejeté le positivisme qui supposait que le cerveau du nouveau-né était comme une pâte molle que modelait l'environnement social.

Il existe des structures innées de connaissance, indépendantes de toutes les expériences directes. En linguistique, par exemple, Noam CHOMSKY a démontré que les structures du langage ne sont pas arbitraires; il existe une sorte de grammaire universelle, «naturelle» pour ainsi dire, qui se retrouve dans toutes les langues.

Selon l'ethnologue Claude LEVI-STRAUSS, père du Structuralisme, on trouve des structures mentales de base, au-delà de l'apparente diversité des groupes ethniques: le fonds humain, autrement dit, est le même pour tous.

On revient ainsi à la théorie d'une sorte de connaissance infuse, proche de la pensée du philosophe Henri BERGSON sur l'intuition.

Le biologiste Gunther S. STENT admet que les chromosomes puissent porter les germes de la personnalité et être des véhicules *spirituels...*

Et, selon Sir John ECCLES, le caractère unique de chaque être humain ne peut pas être expliqué sans recours au *surnaturel*. Il a déclaré à ce sujet au cours de cette réunion:

> **«C'est une question qui est au-delà de la science. Et les scientifiques devraient s'abstenir d'y répondre par un «non» catégorique.»**

«... l'horlogerie matérialiste de la physique du début du siècle est devenue la pire superstition de notre époque. (...) On ne peut plus affirmer que la matière seule existe. Il y a conversion réciproque entre énergie et matière.

Arthur KOESTLER in *Pierre DEBRAY-RITZEN, Arthur Koestler.*

---

le temps, une réduction...

Le cerveau est programmé, en particulier, pour interpréter le monde en fonction du temps.
Le temps est une illusion.
Mais nous sommes incapables d'échapper à cette illusion.

Nous sommes comme à l'intérieur d'une cage d'où on ne pourrait apercevoir le paysage que par une fente, alors qu'il nous entoure.
L'éternité nous entoure.
Mais, de l'intérieur de la cage, nous ne pouvons en découvrir qu'un aspect: le mouvement qui va du passé vers l'avenir, l'instant qui s'écoule.

la mémoire, faculté qui oublie

« Le cerveau contribue à rappeler le souvenir utile, mais plus encore à écarter provisoirement tous les autres. »

Henri BERGSON, *Matière et mémoire*.

Cette formule — *une faculté qui oublie* — nous vient de la sagesse populaire qui est, bien souvent, le véhicule de la sagesse tout court.

Il existe un programme de l'oubli :

notre conscience réduite par l'incarnation ne parvient pas à se souvenir de l'au-delà.

L'au-delà, c'est aussi bien avant qu'après*.

Le programme de l'oubli est, pour ainsi dire, sans faille.

On constate toujours avec étonnement que tant de gens, qui doivent tous sans exception mourir un jour ou l'autre, s'intéressent assez peu dans l'ensemble à la mort.

Il y a, bien sûr, la peur que cette question suscite en chacun de nous.

Mais il y a aussi un refus pur et simple d'admettre la mort.

C'est toujours la mort des autres.

On a beau se dire : *mon tour viendra*, on n'y croit pas vraiment.

On doit faire un effort pour s'en convaincre.

Or, ce blocage de chacun de nous devant la mort, paraît automatique.

Il vient de l'instinct de conservation.

De ce que BERGSON appelle *l'attention à la vie*.

Ce manque d'intérêt pour cette question, vient aussi de ce que chacun de nous sait très bien, dans son inconscient, qu'il ne mourra pas vraiment...

Que la mort n'existe pas, en ce sens qu'elle n'entraîne pas l'extinction de la conscience individuelle.

---

* J'adopte ici le point de vue du niveau où nous sommes ; alors qu'aux niveaux supérieurs, l'avant et l'après n'existent pas — tout est simultané.

"Dans son inconscient, chacun de nous est convaincu de son immortalité".

Sigmund FREUD

En psychologie, le système conscient est du reste considéré comme répressif.

Après plusieurs années consacrées à l'étude de la survie de la conscience individuelle après la mort du corps physique, c'est peut-être dans ce désintéressement relatif de la plupart des gens pour cette question, que je vois le plus clairement à l'œuvre le programme de l'oubli:

c'est dans ce manque d'intérêt pour la mort, le fait qu'on vive sans y penser, *comme si elle n'existait pas*, que je vois la preuve la plus éclatante de la survie.

Ce programme de l'oubli explique la résistance que, parfois même malgré soi, on oppose à toute révélation.

On dira: *c'était évident et, pourtant, je n'ai rien vu...*

C'est l'oubli qui nous retient en arrière.

Se souvenir, comme on le verra plus loin, est l'essence même de l'expérience initiatique.

Le mécanisme de l'oubli efface automatiquement le souvenir de toute expérience de caractère initiatique, accidentelle ou même provoquée: de la projection astrale jusqu'à l'extase.

À moins qu'on soit conscient de l'action de ce mécanisme et qu'on lui résiste. Ce qui n'est pas facile.

Ceux qui ont recouru à des drogues psychédéliques à des fins initiatiques, savent que le souvenir de ces expériences s'efface rapidement. Si on n'est pas attentif — ce qui suppose une préparation par l'étude — il n'en reste souvent rien du tout.

Le voile d'ISIS s'est entrouvert un moment; puis, il s'est refermé.

L'incarnation entraîne l'oubli de l'au-delà.

Comme, au réveil, les rêves s'effacent...

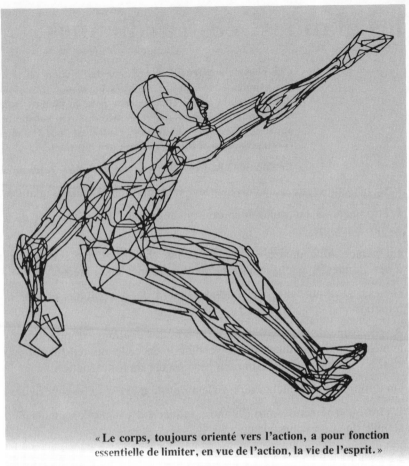

« Le corps, toujours orienté vers l'action, a pour fonction
essentielle de limiter, en vue de l'action, la vie de l'esprit. »

Henri **BERGSON**, *Matière et mémoire*.

la perception sensorielle

Les sens sont des récepteurs qui ne captent qu'une partie réduite
des messages ;

seules les informations en rapport avec le fonctionnement de l'être
au plan physique, sont perçues par les sens et acheminées au cerveau.

les glandes, ces gardiennes

« Le pouvoir constructif ou créateur de l'homme lui vient des glandes endocrines et de leurs hormones. Les glandes endocrines (à sécrétion interne pour la plupart) sont des glandes qui sécrètent et distribuent des substances appelées *hormones* lesquelles contrôlent nos facultés constructives aussi bien physiques que mentales. »

Dr W. KAPP, *Les Glandes, nos invisibles gardiennes.*

Être prisonnier de son corps, c'est être prisonnier de ses glandes.

L'être incarné est prisonnier de son corps, dit PLATON, et de la nature humaine.

La personnalité même est régie par les glandes. On n'échappe pas à ses glandes; pas plus qu'on ne peut échapper à soi-même.

On est, si je puis dire, le fonctionnement de ses glandes et leur interaction.

À telle étape de son évolution, à travers des centaines d'incarnations, le véhicule d'une incarnation se définit de telle ou telle façon: ce sont les glandes qui déterminent le véhicule de l'incarnation.

On a toujours le véhicule qu'on s'est mérité dans ses vies antérieures.

L'être incarné représente l'étape à laquelle il est parvenu dans l'ensemble de son évolution.

Les glandes sont les liens entre ce niveau de fonctionnement et les centres d'énergie des corps subtils, qu'on appelle les *chakras*.

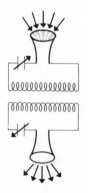

Les glandes agissent comme des transformateurs d'une énergie plus subtile (astrale/mentale) qu'elles adaptent au besoins du plan physique.

Les glandes sont des outils de réduction et d'adaptation de la conscience au niveau physique.

Les chakras

Les chakras sont des centres d'énergie, ou organes psychiques, qui canalisent les énergies psychiques, ou forces vitales; au plan physique, ils opèrent, à la fois, au niveau du système glandulaire et du système nerveux;
en fonction de la grille des plans, ils constituent les points d'attache et d'interaction des différents corps, les uns aux autres;
ils correspondent, d'une certaine façon, à des états de conscience:
nous participons de tous les chakras à la fois, mais chacun d'entre nous d'une façon particulière:
c'est le rapport de la participation aux différents chakras, qui détermine le niveau de conscience d'un individu à un moment donné — la progression consistant à modifier ce rapport de façon à favoriser davantage la participation des chakras supérieurs*.

SAHASRARA: sommet de la tête. Centre le plus élevé de la conscience. Relié à la glande pinéale.

AJNA: entre les deux sourcils. Visualisation psychique. Relié à la pituitaire.

VISUDDHA: la gorge. Clairaudience. Relié à la thyroïde.

ANAHATA: le cœur. Compassion. Relié au thymus.

MANIPURA: le plexus solaire. Pouvoir. Relié au pancréas.

SVADISTANA: le sexe. Reproduction. Relié aux gonades (ovaires/ testicules).

MULADHARA: base de l'épine dorsale. Siège d'une forme d'énergie psychique qu'on appelle la kundalini. Instinct de survivance. Relié au surrénales.

---

* On estime généralement que la majorité des gens participent surtout des trois chakras inférieurs: espèce/sexe/pouvoir. Le déplacement d'accent vers les chakras supérieurs est particulièrement difficile, surtout le passage du troisième (pouvoir) au quatrième (compassion) qui constitue une étape importante sur la Voie.

L'incarnation est donc une réduction douloureuse de la conscience.

Tel est le sens de l'Involution:

l'Esprit se manifeste au plan de la Matière.

L'âme est prisonnière du corps et de la nature humaine, enseigne PLATON, *comme d'un tombeau.*

Choisir de naître, c'est aussi choisir d'oublier.

Une partie seulement de la conscience totale de l'être est incarnée et, de ce fait, diminuée. Cette conscience incarnée se manifeste à travers le corps physique, qui est le corps de la sensation, et le double corps psychique, de l'émotion et du mental.

La tâche de l'homme est considérable: il doit s'employer à libérer ici-bas cette partie de la conscience: la rendre consciente de l'entier, autrement dit, *conscientiser;*

il doit aussi profiter de l'incarnation pour, en partant de la partie incarnée, non seulement rejoindre l'entier mais en augmenter la participation consciente à la Conscience universelle.

C'est pourquoi l'incarnation est considérée comme un privilège: celui de pouvoir travailler sur soi et d'augmenter ainsi sa participation consciente à la Conscience universelle.

une pensée circulaire

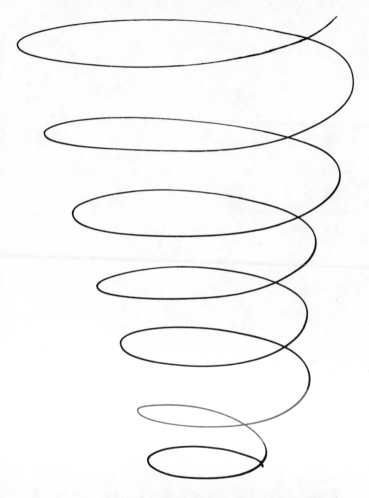

La pensée ésotérique ne peut se communiquer qu'en revenant souvent sur les mêmes
points, comme cela se fait naturellement
dans la communication orale, chaque
nouvelle spire découvrant une surface plus
grande.

troisième degré : l'Évolution

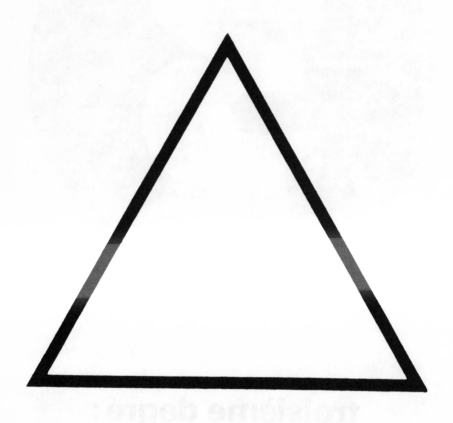

Le triangle équilatéral dont la pointe est tournée vers le haut, symbolise l'Évolution.

l'Évolution

La Matière remonte vers l'Esprit.
Chaque être manifesté dans la matière doit progressivement retrouver le sens de l'ensemble.
Le multiple devient Un.

> C'est **l'évolution** :
> une expansion,
> une ouverture,
> une libération.

L'âme qui retourne à la lumière doit se libérer, un à un, des corps qui l'enveloppent, l'obscurcissent et la limitent.

Il y a chez l'homme
— comme en tout ce qui se manifeste au plan physique —

un désir de dépassement,

une volonté d'échapper à ses limitations,

de se libérer de ses chaînes,

de s'élever,

d'élargir le champ de la conscience :

> on dit, par exemple, que, dans le plan d'ensemble de l'U-
> nivers — en tant que structure consciente d'elle-même —,
> le minéral tend au dépassement pour accéder à la vie vé-
> gétale ; le végétal, pour accéder à la vie animale ; l'animal,
> à la vie humaine ; et l'homme, pour devenir un dieu...

C'est l'évolution.

**"*de la matérialité*
à la spiritualité"**

TEILHARD *de* CHARDIN

Nous sommes tous sur la Voie.

On peut être engagé dans ce processus d'évolution inconsciemment ou, au contraire, en pleine conscience.

Il s'agit de se libérer de la réduction imposée par l'incarnation:

de se déconditionner,

de se souvenir,

de participer de la Conscience universelle de plus en plus consciemment.

L'initié est celui qui a fait l'expérience de *l'autre réalité*.

— de celle qui est au-delà de la conscience réduite,

au-delà de la mort comme, aussi bien, au-delà de l'égo.

l'*anamnèse* de PLATON

C'est l'action de rappeler à la mémoire.

C'est le processus par lequel on commence à se souvenir.

Par lequel on devient conscient.

Se souvenir, c'est devenir plus conscient.

La démarche consciente, c'est la dernière étape sur la Voie, — de l'incarnation au plan physique.

C'est une étape qui peut être longue à franchir.

Mais c'est la dernière.

Et plus on est conscient, moins la démarche est douloureuse.

Ceux qui sont *absolument* conscients, ne ressentent plus la douleur.

Se souvenir est le moteur de la démarche ésotérique.

> « **Les parfaits ne perdent jamais la vision de la vérité et ils n'ont pas besoin de se la remémorer.** »
>
> PLATON, *Phédon*.

Cette phrase traduite en français n'a guère de sens, si on ignore que pour parler de la *vérité*, PLATON employait le mot grec *a-letheia* qui signifie *non-oubli*.

La vérité est dans le souvenir que l'on a de l'autre réalité, celle d'un monde supérieur.

Et c'est bien ainsi que l'entendait PLATON et, avec lui, la plupart des philosophes de l'Antiquité qui étaient des initiés.

Les *parfaits*, autrement dit les *êtres réalisés** n'ont pas à se remémorer la vérité puisqu'ils vivent consciemment dans l'autre réalité. Pour connaître la vérité, il faut donc, ou bien n'avoir pas oublié ou bien se souvenir.

---

* C'est-à-dire les êtres qui ont atteint le SOI... Je reviens plus loin sur *la réalisation de l'être*.

souviens-toi,
ô homme,
que tu es

LUMIÈRE

et que tu
retourneras
en

LUMIÈRE

Voici un très beau texte d'un des pères de la physique moderne, Louis de BROGLIE, sur la lumière et la matière — qui sont toutes deux des formes particulières de l'énergie :

« Rien ne s'oppose donc en principe à ce que l'énergie, tout en se conservant comme toujours, puisse passer de la forme matérielle à la forme lumineuse ou inversement. Nous savons aujourd'hui qu'il en est bien ainsi... La lumière est en somme la forme la plus subtile de la matière. Cette union finale des conceptions de Lumière et de Matière dans l'unité de cette entité protéiforme qu'est l'Énergie a été complètement démontrée par les progrès de la Physique contemporaine le jour où elle a découvert que des particules matérielles sont susceptibles de se condenser en matière et de créer de nouvelles particules... Tous ces faits prouvent bien que la Lumière et la Matière ne sont que des aspects divers de l'Énergie qui peut prendre successivement l'une ou l'autre de ces deux apparences. Mais ce qui caractérise la Lumière dans l'ensemble des manifestations de l'énergie, c'est qu'elle est la plus rapide, la plus fine, la plus dégagée de l'inertie et de la charge, de toutes ces manifestations. Si donc nous étendons maintenant le sens du mot Matière à toutes les formes de l'Énergie nous pourrons bien dire (...) que la Lumière est la forme la plus subtile de la Matière. »
Louis de BROGLIE, *Physique et Microphysique.*

le déconditionnement

Le programme de l'incarnation comporte l'oubli.

C'est l'oubli qui permet à l'instinct de conservation de s'imposer.

Commencer à se souvenir, c'est donc commencer à échapper à la condition de l'être incarné au plan physique.

C'est donc, pour ainsi dire, commencer à se déconditionner.

À devenir conscient du programme.

À prendre ses distances.

Mais on doit progresser lentement sur la Voie.

Le déconditionnement comporte des risques.

Il existe des techniques, les unes plus rapides que les autres, pour commencer à se souvenir.

En général, les techniques lentes sont les plus sûres.

Il faut garder les pieds sur terre.

La vie elle-même est un long processus de déconditionnement.

On parvient, petit à petit, tout *naturellement*, à un certain détachement.

À la condition de bien vieillir.

L'étau du conditionnement se relâche lentement.

La conscientisation devient plus facile :
l'être commence à prendre conscience des matériaux de l'inconscient.

La meilleure façon de commencer à se déconditionner, c'est de prendre conscience qu'on est conditionné.

Plus cette prise de conscience est profonde, plus le déconditionnement s'amorce en profondeur.

Pour s'intéresser à l'ésotérisme, il faut être parvenu à l'étape où on décide de prendre du recul par rapport au programme,

où on commence à s'en libérer

— à se déconditionner.

Mais il ne faut pas oublier qu'on s'attaque à ce qu'il y a de plus vital en nous :

l'instinct de conservation trouve une plus grande satisfaction dans ce qui est plutôt du niveau de l'espèce (comme, par exemple, tout ce qui relève du territoire), du niveau de la reproduction ou de celui du pouvoir*.

Le plus grand obstacle au déconditionnement est donc l'instinct de conservation.

Et tout ce qui en découle : les formes particulières de conditionnement : familiale, sociale, professionnelle...
Comme si le temps comportait une sédimentation : les conditionnements sont comme des couches successives, comme des dépôts qui empêchent d'atteindre le Centre.

La forme de conditionnement la plus difficile à surmonter, est sans doute celle de l'intellectuel.

L'intellectuel cherche à se construire un système sans faille.
Or, c'est par les failles que pénètre la pensée ésotérique.

La démarche de l'intellectuel renforce l'Ego, alors que le dépassement que préconise la pensée ésotérique, suppose d'abord qu'on s'abandonne à quelque chose de plus grand que soi.

La démarche ésotérique est d'ordre intuitif.

L'intelligence est un pouvoir.

L'épreuve des pouvoirs — les *siddhis* comme disent les Hindous — résident dans la fascination qu'ils exercent sur l'égo. («*Je*» *est très articulé, ce soir...*)

Et le pouvoir retient la conscience.

Alors, il faut attendre.

Attendre la prochaine faille, si on peut dire...

Comme, par exemple, une grande douleur.

Pour pousser encore un peu plus loin le déconditionnement.

Dans le processus du déconditionnement, d'abord inconscient puis de plus en plus conscient, c'est le départ qui est le plus lent ;

le processus s'accélère, d'une spire à l'autre, au fur et à mesure que se précise la démarche vers le Centre.

---

* Niveaux de préoccupation qui correspondent aux trois chakras inférieurs.

Le déconditionnement suppose donc que l'on prenne un certain recul par rapport à la vie même;

que l'on commence à lui échapper, dans une certaine mesure, pour la regarder de l'extérieur.

C'est une entreprise longue et difficile.

Comme l'oubli, la peur est un mécanisme de défense.

Pour vaincre la peur, comme pour commencer à se souvenir, on doit, pour ainsi dire, s'attaquer à l'instinct de conservation.

La pensée ésotérique est souvent perçue inconsciemment comme une menace pour l'instinct de conservation.

Car, il faut commencer à mourir.

Être initié, c'est précisément mourir pour renaître.

Bien souvent, après avoir franchi une étape du déconditionnement, que ce soit par l'étude ou par l'expérience, l'être est rappelé à l'ordre par l'instinct de conservation,

par la peur qu'éveille l'instinct de conservation,

ou par le mécanisme de l'oubli qui résiste d'autant plus qu'il se sent menacé.

Il faut alors rassurer l'instinct de conservation avant de pousser encore un peu plus loin le déconditionnement.

Au-delà d'un certain seuil, à une étape donnée, telle étude ou telle expérience, au lieu de susciter l'éveil de la conscience, de contribuer à en élever le niveau, pourra au contraire provoquer une résistance plus grande de la part de l'être.

L'instinct de conservation veille et ne veut pas céder davantage.

Ne doit pas céder — c'est là sa fonction.

Le conditionnement ne peut donc céder que petit à petit.

Et il ne cède jamais totalement, aussi longtemps qu'on est au plan matériel, puisque c'est précisément sur ce conditionnement que repose la survie — autrement dit, il en est le programme.

Comme si l'instinct de conservation devait, au fur et à mesure qu'il cède un peu plus, être par ailleurs rassuré quant à la survie.

La démarche consiste donc à élever un peu plus son niveau de conscience, puis à rassurer l'instinct de conservation pour l'amener à céder un peu plus.

Et ainsi de suite.

le niveau de conscience

« Plus la forme de vie est évoluée, plus grande est son aptitude à capter de nouvelles significations. (...)

« L'évolution est simplement la capacité d'enregistrer des connaissances qui se trouvent *déjà là*. (...)

« Il apparaît assez clairement que l'augmentation de cette subtilité relève d'une évolution *intérieure*. (...)

« Il est clair que notre objectif essentiel devrait être d'intensifier cette capacité d'illumination. »

Colin WILSON, *L'Occulte* — histoire de la magie.

Tout au long de cet ouvrage, il est question du niveau de conscience.
conscience.
Et de la nécessité de l'élever.
Autrement dit, d'augmenter sa participation à la Conscience.

Plus précisément,

le niveau de conscience d'un être est son degré de participation à la Conscience universelle.

Une partie de cette participation est consciente ;
une autre partie, inconsciente.

Et le niveau de conscience est le degré de sa participation consciente/inconsciente à la Conscience universelle.

Il existe, en général, un rapport entre ces deux plans de participation:

autrement dit, le degré de la participation consciente est généralement une indication valable du degré de la participation inconsciente.

Mais il y a des exceptions à cette règle: ce sont en particulier des êtres qui, pour des raisons *karmiques* (afin de compenser pour une action négative commise dans une vie antérieure) choisissent de s'incarner avec une participation consciente réduite.

Je pense, par exemple, aux retardés mentaux.

Au moment où j'écris ces lignes, j'ai le souvenir d'une expérience personnelle de communication avec une enfant mongoloïde. Je lui dois d'avoir entrepris des recherches dans ce sens, qui ont abouti à la conviction que, dans certains cas de retardés mentaux, le degré de participation inconsciente à la Conscience universelle est supérieur à celui de bien des êtres dont la participation consciente est normale.

Mais, règle générale, il existe un rapport entre les deux plans: entre la participation consciente et la participation inconsciente de l'être à la Conscience universelle.

La progression se fait par un processus de conscientisation: petit à petit, l'être transforme sa participation inconsciente en participation consciente.

Ce qui a pour effet, par ailleurs, d'élargir encore le champ de sa participation inconsciente — au fur et à mesure qu'il découvre, il reste encore plus à découvrir.

JUNG croyait que la vocation de l'homme était de créer de la conscience — au sens de *conscientiser:* de rendre conscient ce qui est inconscient.

> «... la tâche majeure de l'homme devrait être (...) de prendre conscience de ce qui provenant de l'inconscient, se presse et s'impose à lui, au lieu de rester inconscient ou de s'y identifier ...»

> «Pour autant que nous soyons à même de le discerner, le seul sens de l'existence humaine est d'allumer une lumière dans les ténèbres de l'être pur et simple. Il y a même lieu de supposer que, tout comme l'inconscient agit sur nous, l'accroissement de notre conscience a, de même, une action en retour sur l'inconscient.»

> Dr Carl JUNG, *Ma vie.*

Se souvenir, se déconditionner, c'est donc élever son niveau de conscience, c'est-à-dire augmenter sa participation consciente/inconsciente à la Conscience universelle.

Mais il faut tout d'abord admettre qu'il puisse exister d'autres niveaux de conscience que le sien.

C'est très difficile.

Surtout pour ce qui est des niveaux supérieurs au sien.

Chacun vit dans un *espace mental* qui lui est propre.

Une façon de comprendre le monde et de se comprendre dans le monde.

Un système de valeurs.

Un point de vue.

La communication entre les espaces mentaux est difficile.

Le fait de reconnaître qu'il existe un nombre infini d'espaces mentaux constitue un premier pas.

On constate alors qu'on est soi-même dans un espace mental.

Et on commence à prendre ses distances par rapport à cet espace mental.

Et c'est ainsi qu'on débouche... dans un autre espace mental.

Le déconditionnement que préconise l'ésotérisme suppose donc qu'on prenne du recul par rapport à ses propres croyances.

Ma vision du monde sera plus vaste demain qu'elle n'est aujourd'hui.

Il faut toujours tendre à déboucher demain sur une croyance plus vaste que celle d'aujourd'hui et qui l'englobera.

Et toujours de plus en plus vaste.

C'est ainsi que, petit à petit, on élève son niveau de conscience.

« Il est peut-être bon maintenant de nous poser la question : à quoi *sert* la conscience ? Quand on dort, on n'a pas de conscience. Quand on est très fatigué, la conscience n'émet qu'une lumière pâle qui éclaire faiblement les choses. Quand on est bien éveillé et surexcité, la conscience semble accroître la transparence et l'intensité de cette lumière qu'elle projette sur tout ce qui l'entoure ; son but alors est d'illuminer la réalité, jusque dans ses moindres recoins, et ainsi de nous rendre capables d'agir sur elle et de la transformer. Il est clair que notre objectif essentiel devrait être d'intensifier cette capacité d'illumination. »

Colin WILSON, *L'Occulte — histoire de la magie.*

trois *modèles*
de la conscience

On ne peut sans doute parler de niveau de conscience que par rapport à une conception qu'on se ferait de l'ensemble de la conscience humaine.

Et c'est bien le plus difficile :
définir un *modèle* de la conscience...

Un modèle n'est jamais que la représentation d'une construction mentale destinée à faciliter l'étude de phénomènes ou d'organismes trop complexes pour être analysés directement.
Autrement dit, un modèle n'est jamais qu'un outil de travail.

Je propose donc dans les pages qui suivent trois modèles de la conscience :
- le modèle de JUNG ;
- le modèle tibétain ;
- et, enfin, le modèle dit *psychédélique*.

le modèle de JUNG

Selon JUNG, la psyché peut se comparer à une sphère, avec une zone brillante à la surface : le conscient et le Moi qui occupe le centre de cette zone.

Le *SOI* constitue toute la sphère.

Ce modèle est tout à fait acceptable du point de vue de la pensée ésotérique :

la Conscience constitue toute la sphère :

la plus grande partie représente la participation inconsciente avec, au centre, le *SOI* — l'Éternel en chacun de nous ;

et la petite partie, la participation consciente avec, au centre, le Moi.

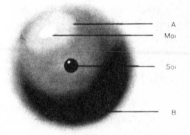

A
Moi

Soi

B

Carl JUNG, un des pères de la psychologie moderne, fait
de plus en plus figure de Grand Prêtre.
Sa démarche scientifique et, d'une certaine façon, mystique
a beaucoup contribué au rapprochement des deux pensées.
Comme, du reste, de l'Orient et de l'Occident*. Il est in-
contestablement un des Maîtres à penser de notre époque.

Pour ma part, je lui dois beaucoup :
la fréquentation de son œuvre — qui est celle d'un
scientifique — m'a permis de demeurer éveillé : conscient
de la nécessité d'éviter, pour reprendre le conseil d'Alan
WATTS, le marécage du romantisme ésotérique**.

*   Voir, en particulier, les textes importants qu'il a écrit dans les éditions contemporaines du *Livre tibétain des morts*, du *Livre tibétain de la Grande Libération* et du *Secret de la Fleur d'Or*.

**   C'est dans son ouvrage *Sagesse d'Orient, psychothérapie d'Occident* qu'Alan WATTS donne ce conseil précieux :
Pour l'Occidental qui veut tant soit peu comprendre et utiliser les moyens de libération orientaux, il est
d'une extrême importance de conserver ses réflexes scientifiques ; faute de quoi, c'est le marécage du
romantisme ésotérique qui attend le non-initié.

Le modèle que propose JUNG, ne repose pas sur une opposition simpliste entre le conscient et l'inconscient; mais sur le *Soi* qui constitue toute la sphère — se définissant ainsi au niveau de la participation de l'être à la Conscience universelle —, le Moi ne représentant que la participation consciente.

Ce qui n'est pas sans évoquer la métaphore de l'iceberg — qui constitue l'entier, comme le *Soi*, mais dont une petite partie seulement émerge au-dessus de l'eau.

La participation inconsciente de l'être à la Conscience universelle, selon JUNG, se définit sur deux plans: celui de l'inconscient individuel et celui de l'inconscient collectif.

Dans les dernières années de sa vie, à la place de *l'inconscient collectif,* JUNG parlait plutôt de la *psyché collective*.*

Mais quel que soit le modèle, il reste à préciser le contenu, si je puis dire, de la participation inconsciente.

À inventorier la partie de l'iceberg qui est sous l'eau.

Par exemple, cette participation comporte-t-elle le souvenir de vies antérieures?

Il est certain, dans tous les cas, que...

> **«... l'inconscient a de meilleures sources d'information que le conscient**...»**

Carl JUNG, *Ma vie.*

* On semble par ailleurs de plus en plus convaincu, comme l'écrit le Dr Kenneth WALKER dans son livre The Unconscious Mind que: «... *l'esprit (mind) de chacun est beaucoup moins distinct de celui des autres, qu'on ne le croit généralement.* » (C'est le genre de pensée qui heurte le Moi et peut même parfois provoquer une réaction violente...)

** *Toute la psychologie de JUNG est une psychologie des contraires: l'équilibre ne peut se faire que sur la loi de la conjonction des contraires; nous sommes tous construits comme un voilier: la voile, le conscient, est soumise à tous les vents de l'esprit et de l'environnement, et la quille, l'inconscient, remet inlassablement le frêle esquif en ligne.* Le Dr Roland CAHEN, psychiatre, traducteur français et commentateur de l'œuvre de JUNG, dans une entrevue *in Psychologie,* (déc. '74). C'est encore une fois, l'inconscient qui dispose de l'information nécessaire pour remettre l'esquif en ligne.

Parce que l'inconscient participe de *l'autre réalité.*
Autrement dit, le domaine de l'inconscient serait celui de *l'au-delà,*
du *pays des morts.*
C'est sur cette hypothèse que JUNG débouche à la fin de sa vie :

> « Inconscient et *pays des morts* seraient dans cette pers-
> pective, synonymes. »

Carl JUNG, *Ma vie.*

Il sera question à quelques reprises dans cet ouvrage de la
psychologie humaniste.

Il s'agit de l'un des deux grands courants de la psychologie moderne, l'autre étant celui de la **psychologie scientiste.**
La psychologie humaniste constitue, en partie du moins,
un prolongement de la pensée jungienne. Roberto ASSA-
GIOLI, créateur de la *psychosynthèse,* et Abraham
MASLOW, créateur de *l'analyse transpersonnelle* sont
parmi les chefs de file de ce nouveau courant.

Les Écoles humanistes proposent un modèle élargi de
l'inconscient, dont on peut dire en quelques mots qu'il
comporte deux aspects :

la partie inférieure ou *subconsciente ;*

et la partie supérieure ou *supra-consciente* — ce qui suppose une ouverture par le haut que ne reconnaissait pas le
modèle freudien.

Par plusieurs aspects, la psychologie humaniste est proche
de la pensée ésotérique.*.

---

* C'est ainsi que le modèle comportant trois niveaux : le subconscient, le conscient et le supra-
conscient, recoupe en particulier celui que propose l'enseignement des Kahunas *(les Gardiens du Secret)* — c'est-à-dire la tradition ésotérique polynésienne.

le modèle tibétain

La pensée ésotérique propose de nombreux modèles de la Conscience universelle et de la façon dont l'homme s'insère/progresse dans le Grand Mécanisme — autrement dit, de la participation de l'homme à la Conscience universelle.

La plupart de ces modèles se recoupent sur les points essentiels.

Mais, selon le niveau de conscience où se définit telle ou telle École*, ou même tel ou tel degré de telle École, le modèle est plus ou moins chargé de miasmes culturels ou, au contraire, plus ou moins dépouillé.

Celui que proposent les Maîtres tibétains, tel qu'on peut le trouver dans leur *Livre des morts,* est simple et explicite :

- **l'état correspondant à l'expérience de la mort**
  — que certains ont pu connaître par la drogue* ;
- **l'état correspondant à l'expérience de la réalité**
  — il s'agit ici, bien entendu, de la Réalité qui se trouve au-delà de l'illusion du plan physique (de même que des plans astral et mental qui font partie de l'illusion : le *samsara*) ;
- enfin, **l'état correspondant à la re-naissance de la conscience individuelle**
  — au-delà des limites que lui imposent ses propres manifestations à des plans inférieurs, dont le plus bas est précisément l'incarnation au plan physique — c'est-à-dire le plan où nous sommes.

Les différents niveaux de conscience, ou *états* de conscience de l'être, sont :
- l'état de veille ;
  — c'est l'état de conscience habituel de l'être au plan physique ;
- l'état de rêve ;
- l'état de transe
  — que certaines techniques d'éveil (à l'inconscient) permettent d'atteindre, comme par exemple, la méditation.

---

* Ce point est important : les Écoles, mouvements, groupes, sectes, etc... correspondent à autant de niveaux de conscience. Ils ont donc tous une importance, mais une importance relative, puisque l'être doit *éventuellement* les dépasser...

* C'est à la suite de l'expérience, plusieurs fois renouvelée, qu'ils ont faite de cet état, dans le cadre d'une recherche à l'Université HARVARD sur les drogues psychédéliques, que le Dr Timothy LEARY, le Dr Ralph METZNER et le Dr Richard ALPERT (plus connu par les jeunes sous le nom initiatique de BABA RAM DASS) ont écrit leur livre *The Psychedelic experience* qui s'inspire précisément du *Livre tibétain des morts.*

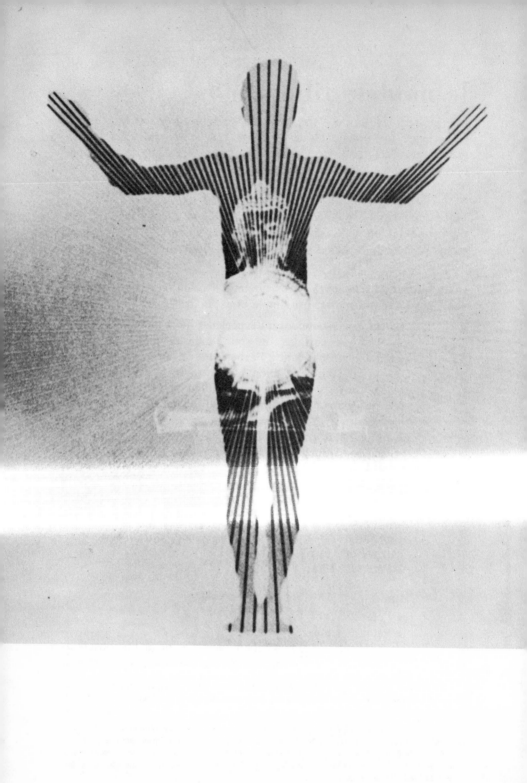

le modèle *psychédélique*

Je dis que *la révolution psychédélique est à venir.*

En écrivant ces lignes, je suis tout à fait conscient que tout indique, au contraire, qu'elle est terminée.

Je n'en crois pas moins que la lame de fond commence à peine à se manifester.

Les drogues sacrées ont toujours eu pour objet l'initiation :

permettre à l'adepte de faire l'expérience de *l'autre réalité,* qui est celle de l'au-delà ;

autrement dit, provoquer des *états altérés de conscience* et/ou des *expériences transpersonnelles.*

Selon le Dr Stanislas GROF*, l'état altéré de conscience comprend une grande variété d'expériences : la vision, par exemple, de patterns ornementaux ou de structures géométriques ; alors que l'expérience transpersonnelle est *une expansion ou une extension de la conscience au-delà des frontières habituelles de l'égo de même que des limitations du temps et de l'espace.*

Cette distinction permet de juger de la qualité d'une expérience psychédélique.

* Dans une communication intitulée *Varieties of Transpersonnal Experiences: Observations from LSD Therapy, in Psychiatry and Mysticism,* ouvrage collectif paru sous la direction du Dr Stanley R. DEAN.

Au cours de recherches qui s'étendent sur plus de vingt ans, tout d'abord à l'Institut de Recherches psychiatriques de Prague, puis en Amérique où, depuis 1967, il a occupé, entre autres, le poste de directeur de la recherche au Maryland Psychiatric Research Center et celui de professeur au département de psychiatrie et des sciences du comportement à la Johns Hopkins University, le Dr Stanislas GROF, psychiatre, a personnellement dirigé plus de 2000 séances psychédéliques — la drogue utilisée étant le plus souvent du LSD — et il a eu accès aux dossiers de plus de 1300 expériences dirigées par des collègues.

On peut sans hésitation considérer le Dr GROF comme l'un des grands experts en matière d'expériences transpersonnelles et/ou d'états altérés de conscience, provoquées par des drogues dites psychédéliques.

Les sujets de ces expériences étaient, pour certains, des patients: névrotiques ou quasi-psychotiques souffrant de diverses formes de schizophrénie, alcooliques, narcomanes (*); des personnes «normales» — la normalité n'étant pas facile à définir: psychiatres, psychologues, infirmières, étudiants; des scientifiques aussi bien que des artistes; voire même des prêtres et des théologiens intéressés par le caractère mystico-religieux de l'expérience; et, enfin, des malades au stade terminal, en particulier des cancéreux.

Pour la plupart des sujets, l'expérience a revêtu un caractère mystique; et, dans le cas des patients au stade terminal, leur a permis d'accepter leur fin prochaine avec sérénité — une sérénité qui prenait appui sur la conviction acquise par cette expérience que la conscience individuelle survit à la mort du corps physique.

* Les drogues psychédéliques ne créent pas d'accoutumance, du moins d'ordre physiologique, contrairement à celles, par exemple, qui sont dérivées de l'opium: morphine, héroïne, etc.

Le Dr GROF communique le résultat de ses recherches dans un ouvrage considérable en cinq volumes — dont le premier seulement a paru au moment où j'écris ces lignes — intitulé *Realms of the Human Unconscious**.

Le principal obstacle qu'il rencontre dans sa démarche, en particulier auprès de scientifiques, tient à la définition considérablement élargie de l'inconscient sur laquelle débouchent ses recherches.

Il faut se rappeler que tout ce qui est du domaine de l'inconscient pour le psychiatre, participe de la Conscience pour l'ésotériste.

L'inconscient, pour la psychologie, c'est *tout le reste* par rapport au conscient.

Je veux dire que le vaste champ de l'inconscient reste en grande partie à explorer, du point de vue scientifique. La psyché humaine demeure le grand mystère.

Pour FREUD, l'inconscient est assimilé au *refoulé,* il se compose de contenus refoulés au départ ou après coup, surtout durant l'enfance ; pour RANK, au contenu de l'inconscient tel que le définit FREUD, il faut ajouter le traumatisme de la naissance et même certains souvenirs de l'époque fœtale ; pour JUNG, comme nous l'avons vu, il existe non seulement un inconscient individuel, mais aussi un inconscient collectif... Le dernier modèle est toujours plus vaste que le précédent qu'il englobe.

Quant au Dr GROF, ses recherches l'ont convaincu que la science doit élargir sa conception de l'inconscient jusqu'à comprendre les expériences des incarnations passées, les résurrections (autrement dit les expériences de survie successives) et jusqu'aux influences cosmologiques, en passant par les rencontres avec des êtres supérieurs ; enfin, toujours selon le Dr GROF, ce *nouveau* modèle de l'inconscient devrait comprendre l'existence d'un Esprit universel (*Universal Mind*) — quelque chose comme *l'univers conscient de lui-même* des Néo-Gnostiques de Princeton.

Le modèle de l'inconscient que le Dr Stanislas GROF propose au monde scientifique d'adopter, recoupe sur les points essentiels ce que la pensée ésotérique entend par la participation de l'homme à la Conscience universelle.

---

* **Le Dr GROF est aussi l'auteur d'un grand nombre de communications qui sont parues dans des publications scientifiques.**

La polarité fondamentale

On pourrait multiplier les modèles de la conscience.

Il est probable qu'aucun modèle ne correspond exactement à la réalité.

Tous les modèles ne sont que des tentatives pour cerner la réalité.

Mais elle demeure insaisissable.

C'est le iceberg.

La plupart des modèles se recoupent sur l'essentiel:

a) les trois grands niveaux — physique, psychique et spirituel;

b) la polarité fondamentale de l'être:

le Moi .... le SOI.

le
Moi

Le Moi est le véhicule qui permet au SOI de se manifester sur les plans physique et psychique.

Le Moi est la **personnalité**;
par rapport au SOI, qui est **l'individualité**.

PLATON dit que *l'âme est prisonnière du corps et de la nature humaine*. Le corps même est l'expression de la personnalité au plan physique.
Il est la personnalité physique.
Le physique permet d'atteindre le psychique qui, à son tour, permet d'atteindre le spirituel.

Ainsi peut-on remonter au SOI qui est à la fois *l'alpha*, l'origine, et *l'oméga*, l'aboutissement de l'être.
Les incarnations successives sont des manifestations du SOI.
Des véhicules empruntés par le SOI pour franchir des étapes.
Le corps ne se manifeste donc qu'une seule fois au plan physique.
La personnalité de même.
Dans une prochaine incarnation, le SOI empruntera un autre véhicule, correspondant à une nouvelle étape de l'évolution vers la lumière.
Ce corps sera donc différent de celui qui est présentement le vôtre.
Du reste, au cours d'une incarnation, le corps se transforme: la science nous dit qu'il se renouvelle complètement tous les sept ans.

La personnalité non plus ne sera pas la même.
Tout est toujours en transformation.
Et pourtant, ce sera vous.
Plus exactement, votre SOI.

Car, essentiellement, vous n'êtes pas votre corps;
vous n'êtes pas votre personnalité.

Vous êtes votre SOI.
Le MOI passe; le SOI reste.

RIMBAUD :

Je est un autre

photo Brian MOREL

Le Moi est comme un quartier d'une orange ;
le SOI est l'orange entière,
— la structure de l'orange.

Le
SOI

« …dans ce vaste contexte du SOI, par delà le plan chrétien, dans la totalité de la nature et de l'esprit qui englobe
les contraires et leurs conflits. »

Carl JUNG, *Ma vie.*

L'Esprit qui est au centre de l'Univers, est au centre de l'Homme :
l'Homme contient en lui les lois de l'Univers ;
il est les lois de l'Univers.
Nous sommes la conscience universelle qui se réalise sans cesse.
Le SOI, c'est l'ATMAN* :
manifestation en nous de la conscience universelle,
BRAHMAN.

ATMAN-microcosme
s'identifie
à BRAHMAN-Macrocosme.

ATMAN est au centre de l'être.
De chacun d'entre nous.
Et chacun doit, un jour ou l'autre, l'atteindre.
Pour alors se reconnaître — puisque c'est le SOI : le té-
moin surconscient en chacun de nous.
Le guide, le veilleur, à la fois père et mère :
il est ce que chacun de nous recherche.
C'est pourquoi, aussi longtemps que nous nous définis-
sons en fonction de la dualité : l'ATMAN apparaît comme
l'autre —

l'anima féminine pour l'homme,

l'animus masculin pour la femme.

---

* *Atman* en sanscrit : *souffle-énergie.* On retrouve la même racine dans *atmosphère*, du grec
atmos : souffle. C'est le sens du mot hébreu *ruach : souffle-esprit*, du mot hindou *prâna : souffle-
esprit* et du mot polynésien *mana : souffle-énergie.*

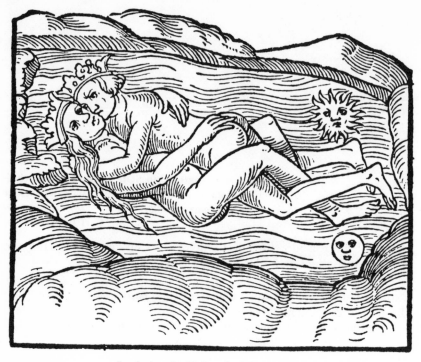

La fusion du Moi et du SOI, considérée par JUNG comme l'aboutissement du processus d'individuation, est évoquée traditionnellement comme les noces alchimiques (ou chymiques), dans le dépassement de l'opposition du sujet/objet.

L'Initiation — dont il sera question plus loin — consiste donc en l'expérience *consciente* de la fusion du Moi et du SOI.

Le Grand-Prêtre égyptien PTAHHOTEP :

> « Aussi longtemps qu'un être cherche sa moitié en dehors de lui, dans le monde créé, visible, il ne trouvera pas l'unité, tout simplement parce que *sa moitié complémentaire n'est pas en dehors de lui, manifeste et séparée de lui, mais au contraire non-séparé, dans la partie non-manifeste de lui, dans son inconscient.* »
>
> **Elisabeth HAICH,** *Initiation.*

Le SOI connaît le plan de vie ;
il connaît les lois de l'Harmonie universelle ;

il participe de ces lois ;

il est éternel ;
il a le sens de l'ensemble, du Tout.
Il est UN avec le TOUT.

Mais si le SOI, de toute éternité, participe du divin,
que sommes-nous venus faire au plan physique?
C'est la grande question.
Pour progresser sur la Voie, le Verbe se fait chair:

> « L'âme angélique est créée pure, mais il ne suffit pas
> qu'elle soit pure, elle doit devenir parfaite. Elle est créée
> pure, mais *ignorante*. Après avoir habité le corps humain,
> elle doit redevenir pure, mais *connaissante*. »
>
> **Bahrâm ELÂHI,** *La Voie de la perfection, l'enseignement*
> *secret d'un maître kurde en Iran.*

Il s'agit, autrement dit, d'augmenter la participation consciente du
SOI à la Conscience universelle.

Ce qui suppose que la création se poursuit; que chacun de nous participe ici-maintenant à l'acte originel de la création; et que cette participation doit devenir de plus en plus consciente.

Ce qui permet de mieux saisir le sens de la double démarche involution/évolution:

L'UN descend dans le multiple.
Dans la matière, à travers une prolifération croissante d'êtres.
La démarche involutive est une réduction, une «souffrance» — l'ATMAN-BRAHMAN est voilé. C'est l'involution.

Tout ce qui participe du multiple doit remonter vers l'UN.
La démarche évolutive est une expansion, une libération
— mais elle est pénible pour le Moi qu'il faut dépasser afin de dévoiler l'ATMAN-BRAHMAN.
C'est l'évolution.

BOUDDHA n'est pas un dieu. Sauf pour quelques sectes déviantes. GAUTAMA dit le BOUDDHA (ou Illuminé) était un prince, donc un homme ; il est parvenu à la **réalisation.**

Ce qui signifie que non seulement l'être est parvenu à ouvrir le canal entre les deux pôles : le Moi et le SOI, alors qu'il se trouve encore au plan matériel, mais qu'il le maintient ouvert ou peut l'ouvrir à volonté.
En principe, l'être réalisé se trouve libéré de la chaîne des incarnations, de la roue du *samsara,* comme disent les Tibétains.

Aussi longtemps que l'être n'est pas parvenu à la réalisation, il doit donc se réincarner, afin de poursuivre sa progression au plan physique.
Il arrive, toutefois, que certains êtres, généralement assez avancés, achèvent leur progression au plan psychique.

C'est-à-dire dans l'au-delà, où la progression se poursuit alors au niveau de l'astral et/ou du mental.

En revanche, certains être parvenus à la réalisation, choisissent de revenir au plan physique pour aider les autres dans leur progression — ce sont les *boddhisatvas.*

Il existe peu d'être parvenus à la réalisation — qui est l'objet même de la démarche spirituelle.

Mais les expériences extatiques qui consistent en l'ouverture du canal entre les deux pôles, pendant quelques secondes, parfois quelques minutes, sont plus fréquentes qu'on ne le croit.

BOUDDHA est donc le symbole de l'être parvenu à sa réalisation, de l'être qui a atteint l'ATMAN en lui — ou *l'état de bouddha.*
Par extension, le BOUDDHA est devenu le symbole du SOI, de l'ATMAN en chacun de nous.

Des Chrétiens parlent du CHRIST en chacun de nous comme du SOI, de l'ATMAN, ou de l'ESPRIT saint qui est aussi l'Esprit du CHRIST: *L'Esprit saint représente*

L'Esprit saint représente ce niveau de surconscience, que l'Orient appelle le SOI ou Sur-égo...

John PEARCE-HIGGINS, *Life, Death and Psychical Research.*

Le mot *christ* a du reste, le sens de *grand initié*: de l'égyptien *kher'secheta*, devenu *chrestos* en grec, il signifie: *celui qui est au-dessus des mystères.* Dans l'Antiquité, ce mot s'appliquait indifféremment à SÉRAPIS, OSIRIS, HERMÈS, avant de s'appliquer à JÉSUS au IVe siècle.

témoignages

Des témoignages sur le SOI, on en trouve dans la plupart des œuvres d'inspiration mystique: l'expérience que les mystiques font du SOI, est à la base de toute la pensée ésotérique.

Mais les témoignages qui suivent, ne sont pas de source ésotérique — d'où, peut-être, un intérêt particulier.

Le SOI, en effet, porte souvent un masque; selon les écoles de pensée, ou encore selon la nature de l'expérience qu'on en fait plus ou moins directement, il change de nom; il devient, par exemple,

a) le moi transpersonnel de la psychosynthèse
    — Roberto ASSAGIOLI;
b) l'expérience directe d'un ordre supérieur de réalité
    — Arthur KOESTLER;
c) ou encore, la voix intérieure
    —...Mae WEST.

● Roberto ASSAGIOLI

Surnommé le sage de Florence, Roberto ASSAGIOLI a contribué avec, entre autres, le psychologue Abraham MASLOW, à définir une des tendances actuelles de la psychologie, qu'on appelle la *psychologie transpersonnelle.*

Dans le cadre de cette tendance, la psychologie transpersonnelle, Roberto ASSAGIOLI est le créateur d'une École : la psychosynthèse.

La démarche préconisée par la psychosynthèse est très proche de celle de l'ésotérisme.

Le rapprochement s'impose particulièrement lorsque Roberto ASSAGIOLI parle d'une des techniques de base de la psychosynthèse qu'il appelle la *désidentification.*

> «**Certains individus trouvent leur identité dans leurs sentiments, d'autres dans leurs pensées, d'autres encore dans leurs rôles sociaux.** Mais cette identification à une partie de leur personnalité détruit la liberté que procure l'expérience du moi pur.»

Ce moi pur, qu'il appelle aussi le *moi transpersonnel,* comment Roberto ASSAGIOLI le définit-il ?

> «**Je ne peux pas vous dire ce qu'est le moi transpersonnel. Il est rare de faire l'expérience directe du moi transpersonnel, encore plus rare de s'unir à lui. Mais on peut en avoir une connaissance «médiatisée» par la non-conscience la plus grande ou la superconscience. Je peux en décrire quelques effets. Le moi transpersonnel se manifeste spontanément dans les créations de génies universels tels que PLATON, DANTE et EINSTEIN. Certains êtres sont en contact avec lui à travers la prière ou la méditation : ou bien ils peuvent se sentir appelés ou attirés par quelque pouvoir supérieur. Le langage n'est jamais suffisant pour parler des expériences spirituelles ou transpersonnelles.»**

> **Roberto ASSAGIOLI, *in Psychologie,* juillet 1974.**

Le moi transpersonnel est donc le SOI de l'ésotérisme.

● Arthur KOESTLER

Arthur KOESTLER, un des grands écrivains de notre époque, est surtout un historien et un critique de la science :
l'essentiel de son œuvre consiste en une vaste tentative de définition de la pensée scientifique nouvelle ; et le courant actuel qui tend au rapprochement de la science et de la mystique, lui doit beaucoup.

Son intérêt pour la pensée ésotérique, KOESTLER le doit en particulier à une expérience personnelle qui devait se répéter à l'occasion, tout au long de sa vie, et qu'il décrit dans son livre *The Invisible Writing* :

À l'époque, KOESTLER se trouve en prison, condamné à mort. Ce matin-là, il s'occupe à graver sur un mur de sa cellule des formules mathématiques, à l'aide d'un petit ressort qu'il a retiré de son sommier.

> **« Tout à coup, pour la première fois, je compris la raison de l'enchantement que j'éprouvais pour les formules mathématiques : les symboles que je venais de graver sur le mur, représentaient un des rares cas où il est possible de parvenir à une conception de l'infini à partir de signes qui sont, par définition, finis. (...)**

> **« Je demeure ainsi quelques minutes, comme en transe, avec la conviction profonde que *tout est parfait*. (...) Je prends conscience que je suis prisonnier et condamné à être fusillé...**

> **Mais cette prise de conscience désagréable est aussitôt suivie d'un sentiment dont la traduction verbale pourrait être.**
> « Et puis après ? Est-ce vraiment tout ce qui te préoccupe ? N'as-tu pas de sujet d'inquiétude plus sérieux ? » — une réponse aussi spontanée, aussi fraîche et amusée que si l'objet de mon inquiétude avait été la perte d'un bouton de faux-col. **Puis ces sentiments divers s'évanouissent et j'ai tout à coup l'impression de flotter sur le dos, de descendre une rivière de quiétude et de paix, qui coule sous des ponts de silence. Il me semble que le courant qui m'entraîne ne vient de nulle part et qu'il ne va nulle part. Et puis, après un moment, il n'y a plus de rivière, il n'y a même plus de *je*. Le *je* a cessé d'exister.**

> **« Il est extrêmement embarrassant d'écrire une telle phrase pour qui a tâté, comme c'est mon cas, de la pensée positiviste ; à qui, de plus, répugnent les jaillissements verbeux ; qui vise même, au contraire, à une certaine rigueur dans**

l'expression. Les expériences « mystiques », pour employer cette formule équivoque, n'ont pourtant rien de nébuleux, de vague ou de sentimental, — elles le deviennent seulement lorsqu'on tente de les traduire verbalement.

« Lorsque j'écris : *le »je» avait cessé d'exister,* je me rapporte à une expérience concrète qui est cependant incommunicable verbalement, comme l'est, du reste, une émotion suscitée, par exemple, par un concerto de piano. Or, précisément, le signe auquel on reconnaît ce genre d'expérience, est le sentiment profond que l'on éprouve alors, que cet état est plus réel qu'aucun autre que l'on a jamais éprouvé jusque là ; que, pour la première fois, le voile s'est déchiré, que l'on est en rapport avec l'ordre caché des choses, avec le véritable tissu de l'univers, comme si on le découvrait soudain au rayon-x, alors que la réalité est ordinairement obscurcie par plusieurs couches d'information. Une description verbale qui voudrait donner une idée de ce qu'on éprouve alors, ferait état d'un sentiment d'unité — de l'interdépendance de tout ce qui existe, d'une interaction comparable à celle des champs de gravitation, ou encore à celle des vases communicants. Le *je* cesse d'exister parce qu'il est parvenu à établir la communication avec le tout, dans lequel il s'est fondu.

« Ce processus de dissolution en même temps que d'expansion sans limite de la conscience, est perçu comme l'impression de déboucher dans un océan : c'est l'épuisement de toute tension, la catharsis absolue, la paix qui dépasse toute compréhension. (...)

Plus loin, KOESTLER revient sur la description de ce genre d'expérience :

« Parce que l'expérience est inarticulée, selon nos schèmes habituels, qu'elle n'est pas une expérience sensorielle, ne comportant ni forme, ni couleur, ne s'exprimant pas davantage par des mots, elle peut se prêter à des interprétations diverses : on peut même l'interpréter comme une vision — de la Croix aussi bien que de la déesse Kali. (...) De sorte qu'une authentique expérience mystique pourra parfois entraîner une conversion en toute bonne foi, à n'importe quelle croyance — Christianisme, Bouddhisme, Culte du Feu... »

Cette expérience était, à mon sens, nettement initiatique.

● Mae WEST

Les êtres qui ont un destin aussi exceptionnel que celui de Mae WEST, sont par définition, des êtres exceptionnels...

Dans une entrevue qu'elle accordait au magazine *Playboy,* celle qui fut l'un des grands symboles sexuels de notre époque, qui a régné sur l'inconscient masculin pendant plus d'un quart de siècle, parle de la dimension spirituelle dans sa vie...

C'est à l'impact d'une expérience qu'on peut juger de son authenticité, en particulier à l'impact sur la conception qu'on se fait par la suite du sens de la vie et, plus particulièrement, de la mort — ce qui, dans le cas de Mae WEST, est très clair. Autrement dit, l'expérience authentique tient toujours de la révélation et entraîne toujours une transformation en profondeur de l'être.

Mae WEST raconte :

> « En novembre, j'ai fait une expérience qui a changé ma vie. J'étais au sommet de ma carrière. J'étais riche, célèbre et je m'ennuyais à mourir. J'étais fatiguée de travailler : j'avais tout et je n'avais rien. J'ai décidé de consacrer six mois à la recherche de l'inconnu : la religion et le fonctionnement de l'âme. Cela m'avait toujours intéressée mais je n'avais jamais pu mettre le doigt sur quelque chose d'authentique. (...) J'avais étudié les tarots, la bonne aventure, tous les trucs de ce genre, mais je voulais des preuves. (...) J'ai alors rencontré une femme qui m'a enseigné la méditation et la recherche du silence intérieur. (...) Puis un matin, (...) une voix d'homme me parvint de mon plexus solaire... « Suis-je victime de mon imagination ? » ai-je demandé (à mon guide). Et il m'a répondu que cet esprit qui habite nos corps a un pouvoir tel qu'il survit par-delà la mort... »

Au début de son témoignage, Mae WEST précise qu'il s'agit *d'une expérience qui* dans ses mots, *a changé ma vie.* Bien que moins poussée que l'expérience de KOESTLER, celle de Mae WEST, qui fut l'aboutissement d'une démarche qui s'est étendue sur une période de six mois, n'en avait pas moins un caractère initiatique : son attitude devant la mort, ce qui est toujours révélateur, ne fut jamais plus la même.

« Quand ma mère est morte, j'ai cru devenir folle, mais j'ignorais des tas de choses. Je ne croyais pas à l'au-delà à cette époque. Si j'avais su ce que je sais aujourd'hui, je n'éprouverais plus le même désespoir... »

Mae WEST, *in Playboy* (édition française), mai 1974.

l'initiation

La réalisation du *SOI* est une expérience initiatique.
C'est même l'essence de toute initiation qui consiste à
mourir symboliquement au niveau du Moi
pour renaître à un niveau de conscience plus élevé,
et parvenir ultimement à la réalisation du SOI.

Le mot *initiation* peut s'entendre de bien des façons :

depuis le rituel disposant à la connaissance d'un autre état
possible de l'être,

jusqu'à la réalisation même du SOI,

en passant par l'expérience plus ou moins consciente d'un
état de conscience plus élevé, d'ordre psychique et/ou
mystique.

Quant à moi, je prends le mot à la fois au sens le plus
restreint/rigoureux du terme :

l'expérience consciente de la Réalité,
et au sens le plus large :
l'incarnation considérée comme expérience initiatique,
autrement dit, de la vie même, de la naissance à la mort,
considérée comme une étape vers l'initiation absolue — le
retour à l'UN.

L'initiation est une *expérience*.

Il ne suffit pas d'avoir lu tel livre. D'avoir compris telle théorie.

Il faut avoir vécu une expérience initiatique consciente.*

Cette expérience peut être d'ordre

psychique .... et/ou mystique.

---

* Le travail sur soi doit nécessairement passer par la *conscientisation* au sens où l'entend JUNG
— ce dont j'ai parlé plus haut, à propos des modèles de la conscience.

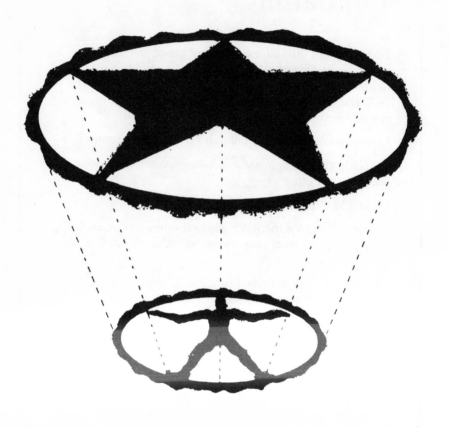

Une enquête faite en 1974 aux États-Unis par le National Opinion Research Center a révélé qu'environ 40% des adultes interrogés ont dit avoir eu *une expérience mystique*.

On pourrait croire qu'il s'agit *d'illuminés,* au mauvais sens du terme, mais la description que la plupart font de ces expériences, est rassurante et stimulante à la fois : ils parlent d'unité cosmique, du sentiment profond de faire un avec la création.

La voie *psychique*

C'est l'expérience directe du plan psychique — qui est le plan intermédiaire entre le spirituel et le physique.

Comme, par exemple, la projection astrale.
Ou encore l'expérience d'états altérés de la conscience.

En principe, la voie psychique est moins exigeante.

Mais l'expérience est relative.

Elle permet de constater qu'il existe d'autres niveaux de fonctionnement que celui qui nous est familier.
Mais on demeure au plan psychique.
Qui fait aussi partie, avec le physique, de l'Illusion*.
Beaucoup plus de personnes qu'on ne le croit ont des expériences de cet ordre.
Il est impossible de dire ce qui est initiatique et ce qui ne l'est pas.

Tout dépend de la conscience que l'on a de l'expérience : une simple expérience télépathique peut être initiatique, si elle élargit le champ de la conscience.

Et si l'effet qu'elle produit est déterminant et durable.

L'initiation suppose une transformation et entraîne toujours une redéfinition de la démarche.

On demeure seul à pouvoir juger de la valeur initiatique d'une expérience. Il n'y a du reste, pas d'autre juge que soi.

En revanche, les expériences d'ordre mystique ou spirituel sont rares.

---

* **Les expériences provoquées par les drogues psychédéliques dépassent rarement ce niveau qui est, par définition, celui du *trip*.**

La voie *mystique*

C'est l'expérience directe du plan spirituel — qui est le plus élevé.

Comme, par exemple, l'expérience dite transpersonnelle, par opposition à celle d'états altérés de la conscience :

l'expérience du SOI ;

ou encore, ultimement, la réalisation du SOI.

> On peut faire l'expérience du SOI, sans pour autant se maintenir à ce niveau de conscience ou y accéder à volonté — ce qui est propre à la réalisation.

En principe, la voie mystique exige de la part de l'être un engagement total.

L'expérience est absolue — prend tout l'être.

Dans certaines traditions, l'initiation n'est rien de moins que la réalisation du SOI et ne peut s'entendre que dans ce sens :

Le Grand-Prêtre égyptien de PTAHHOTEP :

> « C'est ainsi que tu seras passé du monde des effets à celui des causes, du transitoire à l'éternel, du créé au créatif, de la mort à la vie. Bref, tu seras parvenu à ta résurrection en un être éternel. Telle est l'initiation. (...)
>
> « Car tu peux faire l'expérience, ici-même dans ton corps, de l'union avec le divin, avec la partie divine qui te complète, et ce, en pleine conscience. Tu peux étendre ta conscience jusqu'à rendre consciente ta partie inconsciente, jusqu'à faire l'expérience consciente du non-manifeste, de ta moitié invisible et, de cette façon, parvenir à l'union divine dans ta conscience. Alors que ton corps se trouve encore dans l'univers visible, dans le monde créé, tu peux fusionner ta conscience avec ton essence véritable, le Soi, d'où tu es issu, et former ainsi une unité parfaite.
>
> « C'est ainsi qu'ici même, au cours de cette existence terrestre, tu peux faire l'expérience de la béatitude — faire l'expérience de Dieu — *être Dieu*. »

Élizabeth HAICH, *Initiation*.

La différence entre les deux voies est donc considérable: dans la voie mystique, l'initiation est le plus souvent l'effet d'une démarche progressive;
dans la voie psychique, elle est assez souvent l'effet d'une expérience plus ou moins exceptionnelle.
Pour celui qui emprunte la voie mystique, en principe, le voile reste entrouvert;
ou s'entrouvre à l'occasion, si l'initié recourt à certaines techniques d'éveil: jeûne, ascèse, méditation.

Pour celui de la voie psychique, le voile se referme.

La voie psychique est celle des pouvoirs, — c'est la voie du chaman, du sorcier, du mage;

la voie mystique est, au contraire, celle du renoncement, qui bien souvent exige de renoncer aux pouvoirs, — c'est la voie du sage.

La plupart des techniques d'éveil sont valables pour l'une ou l'autre voie — tout dépend du niveau de conscience de l'être.

Par exemple, la méditation:

pour les uns, il s'agit d'une technique qui permet d'être mieux dans son corps; pour les autres, d'être mieux dans sa tête; et pour certains, d'atteindre l'extase.

Telles sont donc, en quelques mots, les deux voies de l'initiation.

Il est évident qu'on doit préférer la voie mystique à la voie psychique.
Dans la mesure, bien entendu, où on a le choix...

Nombreux sont ceux qui croient poursuivre une démarche au plan spirituel — qui se définit en fonction de l'expérience directe du spirituel — alors qu'elle se définit, en fait, aux plans psychique et physique. Il est vrai que tout ce qu'on fait aux plans psychique ou physique, se trouve répercuté au plan spirituel...

Chez les Soufis et les Kabbalistes, les adeptes n'entreprennent pas d'exercices dits spirituels avant d'avoir franchi une étape — en principe, de s'être assumés — aux plans psychique et physique.

Pour atteindre le spirituel, il faut d'abord être bien dans son corps et dans sa tête...

Et ça, pour la plupart d'entre nous, c'est déjà le programme d'une vie — au moins!

Déesse crétoise aux pavots.

les Mystères antiques

Les Égyptiens, les Grecs, les Perses..., avaient leurs Mystères.

L'initiation proprement dite pouvait être d'ordre psychique et/ou mystique.

Les prêtres égyptiens étaient des mystiques.

Mais il semble que plus tard, en Grèce et en Perse, les Mystères devinrent moins rigoureux.

Ceux de la voie psychique avaient cependant pour ceux de la voie mystique, les vrais sages, le plus grand respect: lorsque *l'oracle de Delphes* — où on pouvait consulter la *pythie,* un médium de transe profonde — se trouve en difficulté, c'est à PYTHAGORE qu'on fait appel pour mettre de l'ordre dans cette vénérable institution.

La voie psychique telle qu'on la pratiquait dans les Mystères, comporte des risques, mais elle présente l'avantage d'être rapide.
L'adepte recevait l'essentiel de l'enseignement.
Puis, à l'occasion d'un séjour au temple, il était initié.
Il y avait trois degrés.
Le troisième consistait à faire l'expérience de certains états altérés de conscience et, finalement, l'expérience de la projection astrale consciente.

Pour provoquer de telles expériences, on prenait tous les moyens: l'étude, la prière, le jeûne.

Puis, le rituel proprement dit:
la musique, l'encens, les danses...
— dans le but de conditionner l'adepte.
Enfin, la suggestion (verbale ou non-verbale),

l'hypnose — ou plutôt l'auto-hypnose pour laquelle l'adepte avait été entraîné/conditionné par l'hypnose, —

et les *drogues sacrées.*

La différence entre les drogues sacrées et les autres, se trouve dans l'attitude, l'intention, la nature de l'expérience recherchée.

C'est souvent l'attitude mentale qui détermine la nature de l'expérience.

Les Anciens recouraient, entre autres, à des émanations d'oxyde nitreux, qui montaient du sous-sol par des orifices pratiqués à cet effet à certains endroits «stratégiques», comme par exemple devant la statue d'un dieu ou d'une déesse. Ils recouraient aussi à certaines potions contenant des alcaloïdes, parfois même à des hallucinogènes...

Toutefois, insister sur l'usage des drogues au cours de ces rituels initiatiques, ce serait sous-estimer les connaissances et les pouvoirs des Prêtres qui pouvaient provoquer une projection astrale consciente sans recourir à la drogue... Mais l'usage des drogues dans l'antiquité se rattachait à une longue tradition: celle des bacchanales de DIONYSOS, où la voie de l'extase passait par le débordement et l'utilisation maximale de tous les sens.

Il s'agissait pour l'adepte de se rendre au *séjour des dieux* — le plan psychique (l'astral et le mental).

L'initiation par la voie psychique, consistait donc en un voyage aller-retour au-delà de la mort.

> «L'âme, au moment de la mort, fait les mêmes expériences que font les initiés aux Grands Mystères.»
>
> PLUTARQUE.

Le vocabulaire initiatique grec, qui est le seul qui soit parvenu jusqu'à nous, est révélateur :

● le verbe *télésthai* signifie, à la fois, *mourir* et *subir l'initiation/être initié* ;

● l'initié aux Grands Mystères était appelé *épopte — celui qui voit directement* ;

● les Grecs appelaient l'initiation *autopsie — action de voir de ses propres yeux...*
Et c'est la réponse à l'objection :
— *Personne n'est jamais revenu pour nous dire ce qu'il y a au-delà...*
Car l'initié, par définition, est précisément *allé voir de ses propres yeux.*

> **« L'initié était dédoublé et allait consciemment traverser ces portes de la mort. Il revenait et était aussi sûr de l'existence au-delà du tombeau qu'il était sûr de l'existence du soleil et de la lune. »**
>
> **PAPUS (le Docteur Philippe ENCAUSSE)** *La Réincarnation.*

Ce qui exclut donc de la catégorie des initiés tous ceux qui ont fait des expériences psychédéliques, sans être d'un niveau de conscience suffisant, ou sans avoir l'information/formation suffisante, pour revenir de ces *voyages* avec une conviction inébranlable sur la question de la survie.

Conviction qui, dans le cas de l'initié, ne s'appuie pas sur la foi, mais sur l'expérience initiatique qu'il a faite de *l'autre réalité* autrement dit, sur la connaissance.

C'est à cette conviction et à l'attitude qu'elle inspire, qu'on reconnaît les initités.

La *mort symbolique* peut donc s'entendre de deux façons :

si l'expérience est d'ordre psychique, il s'agit littéralement d'un *voyage dans l'autre réalité* ;

si l'expérience est d'ordre mystique, il s'agit plutôt de la mort du Moi, alors que la conscience renaît au niveau du SOI.

témoignage

Edgar D. MITCHELL, astronaute, chef de l'expédition Apollo XIV, a été le sixième homme à marcher sur la lune.

Son aventure spatiale a eu sur Mitchell un effet inattendu, du moins du point de vue de la science objective : il est passé, comme il le dit lui-même, *de l'exploration de l'espace extérieur à celle de l'espace intérieur.*

> **« Quand je suis allé sur la lune, j'étais un pilote de test, un ingénieur et un scientifique tout aussi pragmatique que n'importe lequel de mes collègues. Plus d'un quart de siècle avait été passé à apprendre l'approche empirique pour faire face à l'univers. De nombreuses fois, ma vie a dépendu de la validité des principes scientifiques et de la fiabilité de la technologie issue de ces principes. »**

Mais pour MITCHELL, comme du reste pour plusieurs astronautes, l'expérience de l'espace devait devenir une véritable expérience initiatique, au sens où l'entend la mystique : pendant un moment le voile s'est entrouvert.

> **« Ma première impression à l'instant où je regardais la terre fut son incroyable beauté : même les photos les plus spectaculaires n'arrivent pas à la rendre. C'était une vue majestueuse : un splendide joyau bleu et blanc suspendu sur un ciel de velours noir. Avec quelle tranquillité et quelle merveilleuse harmonie semblait-il s'insérer dans le modèle d'évolution qui guide l'univers ! En un moment d'extase, la présence du divin devint presque palpable et je sus que la vie dans l'univers n'était pas seulement un accident issu des mécanismes du hasard. »**

Cette expérience n'avait rien à voir avec un raisonnement discursif. C'était une connaissance expérientielle obtenue par une conscience subjective personnelle, mais chaque détail était — et est encore — aussi réel que les données objectives sur lesquelles le programme de navigation ou le système de communication étaient basés. Il s'agit, autrement dit, d'une véritable expérience extatique, de même nature que l'Illumination dont parlent les Mystiques. MITCHELL poursuit dans ce sens :

> **« C'était clair et net : l'univers avait une signification et une direction. Ce n'était pas perceptible par les organes des sens, mais c'était cependant présent, une dimension invisible derrière la création visible qui lui donne un dessein intelligent et apporte un sens à la vie. »**

Par suite de cette expérience, Edgar MITCHELL a fondé l'Institut des Sciences Néotiques (ou sciences de l'esprit) qui se consacre à la recherche psychique. Il a édité un ouvrage collectif important, *Psychic Exploration*, dont il a écrit l'introduction, qui a paru en français sous le titre *Le Livre des pouvoirs de l'esprit*.

« ... La survie semble dépendre
d'une transformation de la conscience
et d'une évolution de l'esprit plus
que de tout autre facteur. »

●

« ... Mon véritable intérêt est
— et a été depuis de nombreuses années —
de comprendre la nature de la conscience
et la relation du corps avec l'esprit. »

●

« L'humanité doit s'élever de l'homme
au genre humain,
du personnel au transpersonnel
de la conscience de soi à la
conscience cosmique. »

146

> «Avant l'Illumination,
> bûche du bois,
> porte de l'eau;
> après l'Illumination,
> bûche du bois,
> porte de l'eau. »
>
> proverbe zen.

J'ai pris le mot *initiation* au sens restreint/rigoureux.

Par les temps qui courent, certains mots sont galvaudés jusqu'à perdre leur sens.

Et la moindre culbute devient initiatique...

Une certaine rigueur est nécessaire.

Mais on peut entendre le mot *initiation* au sens le plus large de *l'incarnation considérée comme expérience initiatique.*

une expérience initiatique : la vie

L'initié est engagé sur la Voie **en pleine conscience.**

Mais nous sommes tous sur la Voie.

Qu'on en soit conscient ou non.

Chez ceux qui en sont conscients, l'évolution est plus rapide.

Et, généralement, ils souffrent moins.

Parce qu'ils offrent moins de résistance au SOI.

Sachant ce qu'ils sont venus faire au plan physique, ils le font sans résister.

Ils apprennent d'eux-mêmes les leçons qu'ils sont venus apprendre.

La souffrance, en tant que moyen d'apprendre, leur devient moins nécessaire.

Et de moins en moins nécessaire.

Mais nous sommes tous sur la Voie.

Chez ceux qui n'en sont pas conscients, l'évolution est plus lente.

Et, généralement, plus douloureuse.

Nous sommes tous sur la Voie, parce qu'il n'y a que la Voie.

Avec ses hauts, ses bas; ses raccourcis, ses détours... — c'est toujours la Voie.

Pour la pensée ésotérique, il n'y a rien en dehors de la Voie.

Tout participe de la Conscience cosmique.

Il n'y a rien en dehors d'Elle.

La vie est donc initiatique :

elle est l'Initiation même.

La vie est le modèle de toute initiation.

Qui débouche, avec la mort/transition, sur plus de lumière.

Tout rituel iniatique comporte, à un moment, la mort symbolique;

la vie en tant qu'expérience initiatique, comporte à un moment la mort tout court.

Ayant traversé l'épreuve de la mort symbolique, l'initié renaît à un niveau de conscience supérieur;

ayant traversé l'épreuve de la mort, l'être renaît à son niveau de conscience véritable qui est supérieur à l'état de conscience réduite qui fut le sien durant l'incarnation.

Avec l'incarnation de l'âme,

l'Esprit se trouve investi dans la Matière.

L'Involution de l'être se trouve accomplie.

L'être s'engage alors dans le lent et difficile processus de l'Évolution.

Chacun cherche à libérer l'Esprit.

C'est le sens de la vie au plan physique.

C'est la démarche que chacun de nous poursuit présentement.

Mais pour mieux saisir le sens de la démarche que nous poursuivons présentement au plan physique, il faut savoir que, selon la pensée ésotérique, chacun de nous a choisi de naître.

la réincarnation
et la loi du *karma*

L'incarnation est un **choix.**
Parvenu à une étape de son évolution, l'être choisit de s'incarner.
Afin de poursuivre sa progression.
Le mot *choix* peut prêter à confusion.
Le choix obéit à la **loi du karma** : action-réaction.
Ce sont les vies passées qui déterminent le choix.
On récolte ce qu'on a semé.
Les actions positives et négatives des vies passées.
Autrement dit, l'action que je fais maintenant, contribue à détermi-
ner mon avenir.
Le choix est donc l'aboutissement d'une démarche :
il découle de la **nécessité créatrice.**
L'être choisit le *véhicule* — corps/personnalité — de l'incarnation,
qui lui est nécessaire pour franchir la prochaine étape de son évo-
lution.
La réincarnation est un processus selon lequel on se retrouve, à
chaque étape, face à soi-même :

dans le véhicule, autrement dit avec le corps et la personnalité, qui
sont à la fois le moyen de franchir l'étape actuelle et, pourrait-on
dire, l'étape elle-même.

Le véhicule qu'on a présentement n'a jamais vécu d'autre existence dans le passé et n'en vivra pas d'autre dans l'avenir ;
ce qu'on est au niveau du Moi, constitue le véhicule que le SOI
emprunte pour franchir la présente étape.

Ce qui s'est incarné dans d'autres véhicules, dans d'autres corps,
donc dans d'autres personnalités, autrement dit d'autres Moi, et qui
s'incarnera sans doute encore dans d'autres véhicules, c'est le SOI,
— qui existe non seulement sans le support du corps mais aussi
sans celui de la personnalité :
faire l'expérience du SOI, de la conscience individuelle, en dehors
du corps et de la personnalité, c'est en quoi consiste l'initiation...

Dans l'échelle de la progression :

ce que je suis,
c'est là que je suis.

le sens de l'incarnation

C'est pourquoi il est tellement difficile de s'accepter: d'être bien dans sa peau et dans sa tête.

Parce que chacun constitue l'épreuve qu'il doit franchir,
en même temps qu'il est le moyen de la franchir.

Et c'est pourquoi l'essentiel est le travail sur soi:
afin de devenir un meilleur outil pour, éventuellement, se dépasser
— c'est-à-dire dépasser l'étape à laquelle on est parvenu dans son évolution.

Le travail sur soi — volontaire ou non.

Travailler sur soi volontairement est moins douloureux.
Quand on sait ce qu'on est venu faire au plan physique, tout devient plus facile.
Un peu plus facile...

Bien que l'incarnation demeure une épreuve.
Une étape à franchir.
Elle est plus ou moins difficile selon l'attitude qu'on adopte — et je devrais ajouter: parfois selon l'attitude qu'on peut adopter, étant donné ce qu'on est.

Les êtres sont tous engagés sur la Voie;
mais ils ne sont pas tous parvenus au même point.

Il y a ceux qui commencent à comprendre le mécanisme dans lequel ils sont engagés;
et ceux qui sont encore loin de commencer à le comprendre.

Ceux qui commencent à comprendre, commencent aussi à prendre du recul par rapport au mécanisme dans lequel ils sont engagés; ce qui ce qui revient à dire qu'ils commencent, dans une certaine mesure, à s'en libérer.

Il faut se dépasser.

Puisqu'on est l'étape présente de son évolution: pour dépasser cette étape, il faut donc se dépasser.

Si nous avions le choix, il ne fait pas de doute que nous choisirions plutôt une épreuve qui serait à l'extérieur de soi.

Plutôt construire un chemin de fer, bâtir une pyramide, découvrir l'Amérique, que de travailler sur soi.

Mais toute démarche à l'extérieur constitue une occasion de travail sur soi.

J'écris ce livre pour moi
— comme une occasion de travailler sur moi-même.

Tout ce qu'on fait à l'extérieur de soi, n'est qu'une façon de travailler sur soi.

Que tu écrives un livre, que tu diriges une entreprise, que tu défriches une terre.

Tu ne fais toujours que travailler sur toi-même.

Le monde est une occasion diverse et multiple de travailler sur soi.

L'objectif n'est pas le livre, n'est pas l'entreprise, n'est pas la terre.

Ce sont des occasions de travailler sur soi.

Ce sont des moyens, non pas des fins.

Le livre, l'entreprise, la terre — tout est à l'intérieur de soi.

Être conscient du sens de la vie rend le travail sur les objets extérieurs plus fécond intérieurement.

Par ailleurs, le recul que donne cette conscience favorise généralement aussi l'efficacité au plan même de l'action.

Enfin, cette conscience permet parfois, dans une certaine mesure, de choisir parmi les objets extérieurs ceux qui sont susceptibles de rapporter le plus intérieurement.

Encore qu'il faille prendre garde aux pièges de l'Égo qui trouve plus de satisfaction, par exemple, dans la rédaction d'un livre que dans la réparation d'un toit qui coule...

Les moyens sont différents pour chacun;
mais l'objectif est le même:
dépasser l'étape à laquelle on est parvenu;
autrement dit, se dépasser.

Pour se dépasser, il faut dénouer ce qui est noué;
ouvrir ce qui est fermé;
éclairer ce qui est dans l'ombre.

C'est ce que nous sommes venus faire;
et c'est, selon la pensée ésotérique, le sens de la vie.

Chaque incarnation est comme un laby-rinthe.

Qui débouche sur un peu plus de lumière.

Et l'ensemble des incarnations, comme un méta-labyrinthe

qui débouche sur la Lumière,

sur le divin en chacun de nous,

sur le SOI

que nous devons, petit à petit, réaliser.

**Telle est
l'initiation,
tel est le sens de la
vie.**

les réponses sont en vous

Ce livre témoigne d'une démarche.

Chacun doit poursuivre la sienne.

Et trouver les réponses qui sont en soi.

Elles précèdent les questions.

Elles attendent les questions pour se manifester.

Il y a en chacun de nous Celui qui a toutes les réponses.

Les questions permettent aux réponses de faire surface.

Les questions sont comme les clés qui ouvrent les coffres mystérieux où les réponses sont retenues prisonnières.

Chacun doit le faire pour soi.

Chacun est son propre Maître et doit le devenir consciemment.
C'est le SOI — père/mère — qui a toutes les réponses.

JACQUES LANGUIRAND

DE MC LUHAN À PYTHAGORE

René Ferron éditeur

SCIENCE +mystique

Jacques LANGUIRAND, ésotériste et communicateur, a retrouvé dans l'enseignement secret - **ésotérique** - des Anciens, plusieurs réponses à des préoccupations actuelles dans le domaine de la **communication**.

DE MC LUHAN À PYTHAGORE

un **livre-mosaïque** qui s'adresse en particulier aux jeunes du **village global**: une véritable **expérience initiatique** par la révélation de certains secrets de l'enseignement ésotérique à partir de la **grille magique** du Nombre.

UN   UNITÉ

L'Univers est Un. **De la loi unitaire, circulaire et immuable qui régit le grand mécanisme de l'Harmonie universelle.** Rapports et proportions. Le secret du Nombre d'Or. Mythes et archétypes.

DEUX   DUALITÉ

La règle du binaire. **Le Yin et le Yang.** Média **cool** et média **warm**. De l'opposition et de la complémentarité des opposés. **De la génération de l'impair et du pair.** Le Nombre du principe féminin.

TROIS   MÉDIÉTÉ

La règle du ternaire. Collage. Montage. Triangle et triangulation. Ternaire des couleurs. Typologid du Yi-King. Le Nombre du principe masculin.

LES RÈGLES FONDAMENTALES DE LA **COMMUNICATION** SONT LES RÈGLES DE LA **MAGIE**

LES RÈGLES DE LA **MAGIE** SONT LES RÈGLES DE L'**HARMONIE** UNIVERSELLE

qu'on trouve dans l'enseignement secret - **ésotérique** - des Anciens.

PLACIDE GABOURY

LES VOIES DU POSSIBLE

rené
ferron
éditeur

SCIENCE + mystique

Né sous le signe de la Balance, Placide GABOURY est à la fois un communicateur scientifique et un ésotériste. Sa démarche a pour objet la fusion science + mystique, démarche initiatique qui annonce celle de l'Homme du Verseau.

LES VOIES DU POSSIBLE

APRÈS LA SCIENCE — QUOI?

La raison a ses limites. Ce sont les limites de la science. La sagesse, dans sa prévision, **comprend** l'homme; la sagesse dépasse la science. L'homme doit rentrer dans la sagesse.

La nature a le sens de l'ensemble. Pour **comprendre** l'homme, on doit le rattacher à l'ensemble; pour récupérer tout l'homme, il faut retrouver le sens de l'ensemble.

Qui est le sens de la sagesse.

LA VOIE DU RENARD

L'auteur témoigne d'une recherche personnelle dans le domaine de l'occulte: télékinésie, acuponcture, astrologie...

Sa recherche le conduit à expérimenter avec les psychédéliques.

Mais les limites de la drogue l'incitent à se tourner vers l'Orient (bouddhisme, soufisme).

Sa recherche débouche sur la mystique, source de toute expérience spirituelle.

L'ÈRE DU VERSEAU

On assiste aujourd'hui à la naissance de l'Homme du Verseau.

L'Homo Sapiens commence à prendre son sens véritable: l'homme de Connaissance et de Sagesse est en train de naître: on assiste à la fusion de la Science et de la Mystique.

C'est la seule ouverture possible pour l'Homme en Devenir.

Achevé d'imprimer par les travailleurs
des ateliers Marquis Limitée de Montmagny
en janvier 1979